おろそかにされた死因究明

検証：特養ホーム「あずみの里」業務上過失致死事件

出河雅彦

同時代社

はじめに

二〇二〇年七月二八日、全国の介護関係者が強い関心を持って見守っていた刑事裁判の判決が出された。長野県内の特別養護老人ホームで入所者の女性におやつのドーナツを提供し、のどに詰まらせて窒息させたとして、施設の職員である准看護師が業務上過失致死の罪に問われた事件の控審判決である。この日、東京高裁は一審の有罪判決を破棄して、准看護師に無罪を言い渡した。翌日の新聞各紙は紙面を大きく割いて、このニュースを伝えた。在京六紙の見出しは以下のとおりである。

・朝日新聞

ドーナツ提供後入所者死亡／特養准看護師に逆転無罪／「窒息死の予見可能性低い」／東京高裁判決（一面）

介護現場の萎縮免れた／署名73万筆　准看護師「支えられた」／特養死亡無罪判決（社会面）

おやつ提供、認められた意義　残る不安（同）

・読売新聞
「ドーナツ窒息」逆転無罪／准看護師「介護資料の把握不要」／東京高裁（社会面）
・毎日新聞
特養准看護師に逆転無罪／窒息死「予見可能性低い」／東京高裁判決（社会面）
「現場の萎縮払拭」支援者（同）
・日本経済新聞
ドーナツ食べ　特養入居者死亡／准看護師に逆転無罪／「注意義務違反といえず」／東京高裁判決（社会面）
「介護現場の不安を払拭」／弁護団が評価／准看護師「真実が証明された」（同）
・産経新聞
特養死亡事故／准看護師に逆転無罪／東京高裁／おやつ提供　過失認めず（一面）
准看護師逆転無罪　東京高裁判決要旨（二二面）
特養死亡事故／准看護師、支援に感謝／弁護団「結果責任論　歯止め」（社会面）
・東京新聞
特養おやつ事故死　逆転無罪／東京高裁／准看護師の過失否定（一面）
「介護現場の不安払拭」／事故防止へ「人手不足解消を」／おやつ事故死　逆転無罪（社会面）
これらの記事では、判決内容とともに、介護現場の不安を払拭する判決であると評価する弁護団や研究者、介護事業者の声が紹介されているが、この裁判の大きな争点が、ドーナツを食べた入所者の死因であり、死後に病院で撮影された頭部CT画像などを根拠に脳梗塞による病死であると主張する弁護側と、ドーナツをのどに詰まらせたことによる窒息が原因で死亡したと主張する検察側が真っ向から対立してきたことについてはほとんど触れられていない。判決翌日の在京各紙の記事の中では、わずかに東京新聞が「特養職員に無罪／死因断定はより慎重に」と題する社説を掲げ、複数の脳神経外科医らの鑑定書を提出した弁護側の主張について「説得力を持つ」としたうえで、「刑事事件なら検察は死因に疑いはないか、もっと科学的に慎重を重ねて判断するべきである。それも教訓と考える」と指摘したのが目についただけである。

各紙の判決記事に死因に関する言及がほとんどなかったのは、ドーナツ摂取と死亡との因果関係（＝死因）を東京高裁が認定せず、入所者が病死であったか事故死であったかあいまいにしたまま准看護師に無罪を言い渡したことが影響しているとみられるが、この事件では、入所者が死亡する前から捜査を始めていた長野県警が遺体の司法解剖をしないなど、死因究明に手を尽くしていなかったことが公判の過程で明らかになっている。

それだけでなく、検察は一審の審理過程で二度にわたり起訴状の内容変更（＝訴因変更）を請求している。一部の新聞の社説が後日（毎日新聞七月三一日付、読売新聞八月一三日付）、二度の訴因変更に触れ、捜査が不十分だったのではないかとの疑問を呈しているが、メディアは介護現場の安堵の声を伝えるだけでなく、捜査と起訴判断、公判活動の問題点を厳しく指摘するべきだったのではないだろうか。

死者がどのような原因で死亡したかを正確に知ることは、犯罪の見逃しや事故の再発、冤罪による人権侵害を防ぐために非常に重要だが、日本の制度には大きな欠陥があった。それが露呈したのは、二〇〇六年七月に一五人の死亡が明らかになったパロマ社製ガス湯沸かし器の一酸化炭素（CO）中毒事故と、二〇〇七年六月に起きた大相撲時津風部屋力士暴行死事件だった。

前者では、死因究明が不十分なまま「病死」と扱われた結果、CO中毒事故が各地で起きていることが把握されないまま同様の事故が繰り返されていた。

後者は、けいこの後に搬送先の病院で急死した当時一七歳の力士について愛知県警がいったんは「病死」としたが、新潟県の実家に返された遺体に数多くの傷があることを不審に思った遺族の要請をきっかけに新潟大学の法医学准教授による解剖が行われ、傷害致死事件に発展したものである。この事件では、丸い棒状のもので叩いたときに特徴的に現れる「二重条痕」が遺体の右脇腹にあったことなどから、警察が取り扱う死体について専門的な研修を受けた警察官である検視官が見れば司法解剖が必要と判断した可能性が高かったとみられるが、検視官が関与しないまま、所轄警察署が搬送先の病院の医師の診断に基づき、「病死」として扱ったことが問題になった。

これらの事故や事件が大きく報道されたことが契機となって、二〇一二年六月、「死因究明等の推進に関する法律」（以下、死因究明等推進法と言う）と「警察等が取り扱う死体の死因又は身元の調査等に関する法律」（以下、死因・身元調査法と言う）が成立し、前者は同年九月に施行され、後者は二〇一三年四月に施行された。二〇一四年六月には政府の死因究明等推進計画が閣議決定された。

死因究明等推進法が二年間の時限立法であったため、新たに死因究明等推進基本法が二〇一九年六月に成立し、二〇二〇年四月に施行された。

旧法である死因究明等推進法が制定されてからの経過を振り返ってみると、大きな変化は警察が取り扱う死体を検視官が調べる割合（検視官臨場率）が著しく高まったことである。時津風部屋力士暴行死事件が起きた二〇〇七年に一一・九％だった臨場率は、二〇二二年には七六・六％になった。東京（五七・三％）、神奈川（四九・八％）など一部に低い地域もあるが、二三府県で九〇％を超えている。これは二〇〇七年度に一四七人だった検視官の数を二〇二二年度には三八二人と約二・五倍に増員した効果である。

医師にかかっていて病死や老衰と診断された以外の死体はすべて「不自然死」で、その不自然死の死因などを調べる「検死」の実務は警察が担っている。日本では検死は、「調査」（死因・身元調査法施行以前は「死体見分」）、「検視」、「実況見分」の三つの手続きに分けられている。それぞれの対象は、「調査」が明らかに犯罪によるものではないとされた死体、「検視」が犯罪による死亡か否か明らかでない変死体、「実況見分」が明らかに犯罪によるものとされた死体である。

本来、解剖や画像検査、毒薬物検査などによる死因究明の作業を終えなければこうした分類は難しいはずだが、死体が見つかった場所に臨場した警察官の最初の判断によって分類されているのが実態で、犯罪による死体の可能性があると判断されたケースは通常司法解剖が行われる。国家公安委員会が定めた検視規則では、変死体の検視は医師に立ち合いを求めて行うことになっている。だが、正確な死因を突き止めたり、事件性の有無を判断したりするためには死体の外表の調査が中心の検視や医師の検案だけでは限界があり、検視官の臨場率を上げるだけでなく、解剖率を引き上げることが欠かせない。

ところが、二〇〇七年に九・五%だった解剖率は、検視官臨場率の顕著な向上とは裏腹にほぼ横ばいの状態が続き、一〇%を超えた年もあったが、二〇二二年は九・五%（交通事故、東日本大震災による死者を除く）と、二〇〇七年と同じだった。交通事故による死者の解剖率（二〇二二年）も一八・四%にとどまる。

複数の法医学者や法務省、警察庁の幹部らが参加した警察庁の「犯罪死の見逃し防止に資する死因究明制度の在り方に関する研究会」が二〇一一年四月にまとめた報告書によれば、一九九八年以降に発覚した「犯罪死の見逃し等事案」は計四三件（発生は一九八〇年〜二〇〇九年）あり、死因について誤った判断をしたものが二二件、死因は誤っていないが犯罪性を見落としたものが二一件あった。解剖を実施していたのは前者で二件、後者で三件の計五件だった。同研究会は、日本の現状と米国、欧州、オーストラリアの海外調査結果などを踏まえ、「将来的には、国際的な水準に照らし、解剖率を五〇%に引き上げることを目標とすることが望ましい」と提言した。

こうした提言があり、その二年後の二〇一三年四月には死因・身元調査法が施行され、「事件性なし」と判断されて司法解剖を行わない死体についても死因を調べるために警察署長の権限で解剖（調査法解剖）を行うことができるようになったにもかかわらず、解剖率は微増にとどまっている。その大きな理由は司法解剖や調査法解剖を担う法医の不足にある。警察庁によると、各都道府県警察が嘱託を行っている解剖医の数は二〇一三年度の一五六人から二〇一五年度に一三八人に減った後少しずつ増え、二〇二二年度は一七〇人となった。それでも二〇二三年四月一日現在、青森、岩手、山形、長野、富山、福井、岐阜、高知、佐賀、大分、鹿児島の一一県では解剖医が一人しかいない。解剖率を大幅に引き上げるほどに法医が増えない背景には、就職先が大学の法医学教室にほぼ限られているという事情がある。

死因究明等推進基本法に基づき、二〇二一年六月一日に閣議決定された政府の死因究明等推進計画も「医師等による死体の解剖が死因究明を行うための方法として最も有効な方法であるところ、解剖を担う大学の法医学者を始めとした法医学教室の人員、検案を担う医師等の人材確保が急務となっている。（中略）こうした死因究明等を担う人材を確保していくためには、死因究明等の公益性・重要性を社会全体で共有するとともに、法医学者や死体検案を行う医師等の適切な処遇の確保を推進することも重要である」と、人材の育成、確保の重要性に言及している。

政府の推進計画は、死因究明の意義について、主に犯罪の見逃しや事故の再発の防止、感染症対策など公衆衛生への貢献という観点から語っているが、一つ欠落しているものがある。それは、冤罪による人権侵害の防止という、死因究明が持つ極めて重要な役割についてである。

実際には罪を犯していないのに、被告人として裁判にかけられ、有罪判決を言い渡されれば、本人、家族の生活と人生は破壊され、筆舌に尽くしがたい苦しみを受けることになる。有罪判決が確定した後に無実を訴えて再審請求してもそれが認められることは稀で、再審が認められて無罪となった事例でも、雪冤までには事件発生から一〇数年、場合によっては何十年もの歳月がかかっている。

本来あってはならないはずだが、日本では、確定死刑囚が再審で無罪となった事件を含め、冤罪事件が繰り返し起きている。

警察の留置場(代用監獄)に勾留しての長時間の取り調べ、弁護士の立ち合いが認められない密室での取り調べ、一部の事件に限定されている取り調べの可視化(録音・録画)、検察官手持ち証拠の不完全な開示、自白偏重の捜査、捜査や起訴の問題点をチェックできない裁判官……。冤罪事件が繰り返される背景には、日本の刑事司法制度の様々な問題点が横たわっている。死因究明制度の欠陥も、冤罪を生み出す一つの要因である。


筆者は朝日新聞記者だった二〇二〇年三月から、冒頭紹介した、長野県内の特別養護老人ホームでの入所者死亡をめぐる業務上過失致死事件の取材を始めた。控訴審がわずか一回の審理で結審してから一カ月余り後のことだった。東京高裁の逆転無罪判決を受け、東京高検が上告断念を発表する直前には、死因究明の課題に関する解説記事を書き、この事件で司法解剖を行わなかった捜査当局の問題点を指摘した。その後、フリーランスとなってから本格的に事件の取材をやり直した。

本書では、介護施設の利用者におやつを提供した職員が刑事責任を追及されるに至った事件の捜査と公判の過程をできるだけ詳細にたどることで、刑事司法における死因究明の重要さを考えてみたい。

もくじ

おろそかにされた死因究明

はじめに …… 3

1章　おやつ提供で起訴された職員 …… 18

入所者の急変
救命処置
ゼリー系に変更されたおやつ
介護事故報告
家族からの責任追及
警察の捜査と賠償金支払い
起訴の衝撃
検察が主張した「注視義務違反」
検察に対する釈明要求
「私は無実です」
裁判所の釈明命令

2章　独自検証に基づく無罪主張……50
再現した急変時の状況
訴因変更請求
おやつの形態変更確認を怠った過失を追加
追加主張への弁護側の反発
検察の請求を認めた裁判所
動静観察が必要な複数の入所者
「食事に気を付けてもらいたいとお願いした」
死後に行なわれた頭部CT検査
心停止招く脳梗塞を報告した論文
「調書すり替えられた可能性」

3章　医学的見解の対立……84
「心停止の原因は窒息」
「声門であれば窒息を起こす可能性」
「脳血管障害による呼吸停止は考えにくい」
窒息の原因や症状を問い質した弁護人

窒息の原因となる異物の特徴
窒息診断の背景にある誤解
窒息時に見られる行動
背部叩打法の限界
脳底動脈先端部症候群の可能性を指摘
「気道閉塞の証拠がない」

4章　医療と介護における食事提供の意味……124
食事配膳時の注意事項
誤配膳を「落ち度」と指摘した検察側証人
特養ホームと病院の違い
「特養のおやつに食札は不要」と証言した弁護側証人
「一人だけに注意を向けるのは不可能」
裁判結果の影響を懸念

5章　再度の訴因変更……140
注意義務の発生時期をさかのぼらせた検察

「迅速な裁判の要請に反する」と弁護側は反発
検察に苦言呈しながら請求を認めた裁判所
「憲法違反」理由の抗告を棄却した最高裁

6章 検察の追加主張認めた一審判決 …… 153

論告求刑
最終弁論
捜査と起訴判断に対する批判
「窒息」を認定した裁判所
検察側証人に依拠して「脳梗塞説」を否定
誤配膳による死亡は「予見できた」との判断

7章 却下された意見書 …… 170

有罪判決の波紋
「脳梗塞説」を補強するための証拠集め
遺族の意向も勘案して実施しなかった司法解剖
弁護側の請求証拠のほとんどを却下し、一回の審理で結審

新たな証拠を提出しての弁論再開申し立て

8章 死因認定避けた逆転無罪判決……190
おやつの形態変更確認義務を認定した一審判決を批判
「検討に時間を費やすのは相当でない」とされた死因
死因認定避けた高裁に「遺憾の意」を表した弁護団声明

9章 検証と情報開示への抵抗……199
「死因を詳しく調べなくても起訴にもっていける」理不尽さ
解剖を実施しなかった理由を説明しない長野県警
取材依頼文を返送してきた長野地検
検事総長への取材依頼とその回答
情報公開法に基づく最高検への文書開示請求
検証に関する規程は「作成していない」
死刑確定後の再審無罪事件の検証実績
「公共の安全と秩序の維持に支障」という不開示理由への疑問
最高検の不開示決定を「妥当」とした情報公開・個人情報保護審査会

「個人の権利利益を害するおそれ」という不開示理由への疑問
意味不明な「高度の公益上の必要性」
検察は反省しているのか
「事案の真相」の解明を放棄した東京高裁
「個別事件の検証は裁判官の独立の観点から問題」とする最高裁

10章　医学的観点から見た事件の問題点と教訓……242
窒息に関する誤解
窒息の診断基準を作る難しさ
事件から学ぶべきもの

おわりに……254

1章 おやつ提供で起訴された職員

入所者の急変

長野県安曇野市にある特別養護老人ホーム「あずみの里」で、入所者の女性（以下、「Kさん」と言う）がおやつの最中に突然意識を失ったのは、二〇一三年一二月一二日のことである。病院に救急搬送されたKさんは、治療の甲斐なく約一カ月後に八五歳で亡くなった。それから約一年後、Kさんにおやつを配ったあずみの里の職員で准看護師の女性（以下、「Yさん」と言う）が業務上過失致死の罪で起訴された。

あずみの里は社会福祉法人協立福祉会が運営している。協立福祉会は中信勤労者医療協会・松本協立病院が母体となり、介護保険法が施行される二年前の一九九八年に設立された。一九九九年四月に老人保健施設「あずみの里」（現在の入所定員一〇〇人。対象は介護認定で要介護一〜五）を開設し、二〇〇二年五月、同じ敷地内に特別養護老人ホーム「あずみの里」（現在の入所定員六三人、短期入所二人。短期以外の入所は原則要介護三以上）を開設した。このほか、ケアハウス、住宅型有料老人ホーム、認知症対応型高齢者グループホームなどの入所施設や、訪問看護ステーション、ヘルパーステーションなどの在宅支援事業所も運営している。安曇野市は長野県のほぼ中央部に位置し、南側に松本市が隣接している。

ちなみに老人保健施設は、介護を必要とする高齢者を対象に医師による医学的管理の下でリハビリテーションなどを提供し、高齢者の自立支援と家庭復帰を目指すための施設と位置づけられている。

これに対し特別養護老人ホームは、介護が必要な高齢者に対し入浴、排泄、食事などの介護サービスを提供する施設である。入所する利用者にとっては自宅に代わる生活の場であり、いわゆる終の棲家でもある。

Yさんの刑事裁判の一審における弁護側の最終弁論によると、二〇一三年一二月一二日当時のあずみの里の入所者と職員の勤務体制は以下のとおりであった。

利用者＝六一人が入所し、短期入所を含めると計六三人。A棟（定員一七人）、B棟（同二一人）、C棟（同二七人）の三つの棟に分かれて生活していた。平均年齢と平均要介護度はA棟が八八・五歳、四・〇六、B棟が八四・三歳、四・〇五、C棟が八三・八歳、三・八四だった。

介護職員＝A～C棟のそれぞれを担当する介護職員はAチームが七人、Bチームが八人、Cチームが八人。各チームの介護職員は日勤、夜勤、早番、遅番などの勤務により、各チームについて、平日の昼間は常時二人以上、土曜日の昼間は一・五人以上、夜間及び日曜日の昼間は一人以上の職員が介護にあたるように勤務表が組まれていた。

看護職員＝看護師長を除き四人（二〇一三年一二月当時は退職予定者がいるなどの事情で五人）が勤務し、平日の昼間の時間帯は常に二人以上の看護職員が勤務し、日勤の看護職員のうち一人が日勤日の夜間に自宅待機し、その時間帯に発生する看護業務に対応することになっていた。看護職員は、入所者全員に対し、医療上の処置、経管栄養の実施、内服薬のセットを作り各チームの介護職員に配布、摘便の実施、利用者の健康状態の把握、医師への連絡、医療上のカルテの記載などを行っていた。看護職員は介護のA、B、C各チームのいずれかを担当することになっており、日勤で時間的な余裕のある場合は、食事介助、おやつ介助の手伝いをすることがあった。

Kさんが意識を失った日、Cチームの遅番（午前一〇時四五分~午後七時）だった男性介護職員がC棟の利用者をおやつのために食堂に集めた。おやつは本来午後三時から始めることになっており、この日は遅番の男性介護職員と日勤（午前八時四五分~午後五時一五分）の女性介護職員がおやつの担当だったが、日勤の女性介護職員が排泄ケアを午後三時までに終了することができなかったため、男性介護職員が一人で利用者の離床を促し、食堂に連れてきた。

この日おやつのために食堂に集まったC棟の利用者は一七人だった。残りのC棟利用者は、経管栄養で自室にいたり、入院中であったり、食堂でのおやつを希望しなかったりした人たちである。

日勤の女性介護職員は排泄ケアを終えて午後三時一五分ころに食堂にやって来て、手を洗ってから、直前まで行っていた排泄ケアの結果を排泄リズムチェック表に記入した。その後、食堂内を見たところ、Kさんの様子がおかしいことに気づき、「どうしたの」と言いながら駆け寄った。Kさんはいすの背もたれに寄りかかり、体を左に傾け、左手を下げ、あごが上がった状態だった。Kさんに背を向けて、同じテーブルの男性利用者の食事介助をしていたYさんは、女性介護職員の声を聞くと、すぐにKさんのほうを向いた。だらんと垂れ下がったKさんの左手の指の色が変わっており、意識はなかった。

救命処置

施設の職員がKさんの異変に気づいてから病院に救急搬送されるまでにどんな救命処置が行われたのか。のちに業務上過失致死罪で起訴されたYさんの刑事裁判における関係者の証言などをもとにその経過をたどってみよう。

最初に紹介するのは、Yさんが述べる救命処置の経過である。

女性介護職員の言動からKさんの異変に気づいたYさんは、まず自分の左腕にKさんを抱きかかえて、背中を四、五回、かなり強く叩いた。前述したように、Yさんは Kさんの隣で別の利用者におやつを食べさせていたが、Kさんがむせたり、せき込んだりすることはなく、机やYさんの肩を叩いたりするといった、食べ物をのどに詰まらせた人が助けを求める行動に出ることもなかったにもかかわらず、おやつを食べている最中の異変だったために、とっさに食べ物をのどに詰まらせたと思い込み、のどに詰まった食べ物を出そうと背中を叩いたのである。

その後、食堂にいた男性介護職員に看護師を呼ぶことと、車いすを持ってくることを頼んだ。Yさんは女性介護職員と一緒にKさんを車いすに移し、Kさんの部屋に運んだ。ベッドに移したKさんの体を、右側が下になるよう横向きにして、Kさんの舌の上にあったドーナツを右手の人差し指を使ってかき出した。そのすぐ後、当時看護師長（現・施設長）だった細川陽子さんがKさんの部屋に来た。細川さんから「どうしたの？」と聞かれたYさんは、「おやつを詰まらせたんですかね」と言った。さらに「おやつは何だったの？」と聞かれたYさんは「ドーナツでした」と答えた。

この後Yさんは、向かいの部屋からたんや唾液を吸引するための吸引器を持ってきて、Kさんの口の中、続いて鼻にチューブを入れて吸引を試みたが、何も引けなかった。サイズの大きいチューブに替えて、口から吸引しようとしたが、何も引けなかった。

細川さんからKさんの急変を家族に知らせるよう言われたYさんは、食堂の入口にあるカウンターに置いてあるKさんのカルテを取ってから、食堂から約二〇メートル離れた、看護師の詰め所としても使用している診察室へ行った。カルテには緊急時の連絡先が記載されていた。診察室でYさんは、安曇野市内に住み、Kさんが入所するまで同居していたKさんの二女（以下、「Nさん」と言う）に電話をかけた。YさんはKさんがおやつの最中に意識を失ったことや食べ物をのどに詰まらせた可能性があることを伝え、救急搬送を希望するかどうか尋ねた。Nさんから「救急車を呼んでください」と言われたYさんは、松本協立病院に電話をかけ、受け入れが可能であることを確認してから一一九番通報した。前述したように、松本協立病院はあずみの里を運営する社会福祉法人協立福祉会の母体となった病院であり、入所している利用者の診療に関する提携先であった。

その後YさんがKさんの部屋に戻ると、看護師たちが心臓マッサージや酸素吸入をしていた。YさんはKさんの血中酸素飽和度や血圧を測定した。間もなく到着した救急隊員が点滴で薬を注入するための血管確保をしようとしたが、うまくいかなかったため、Yさんが駆血帯で足首を縛って血管を探し、点滴用の留置針を静脈に刺して点滴ができるようにした。

次に紹介するのは、当時の看護師長、細川さんが述べる救命処置の経過である。

午後三時半から予定されていた管理会議を前に施設長室でパソコンに向かっていた午後三時二三分、Cチームの男性介護職員からKさんの急変を知らされ、すぐにKさんの部屋に行った。「おやつに食べたものを詰まらせたのですかね」と言うYさんにおやつが何だったか尋ねると、「ドーナツだったのですよ」という答えが返ってきた。細川さんの目に映ったKさんは口が開いたままの状態で、目も開いたまま動かず、まばたきはしていなかった。首や手首に指を当てて脈を取ろうとしたが、脈に触れることはなかった。手のひらから指先まで紫色になっていて、呼吸をしていなかった。脈も呼吸もないことを確認した細川さんは、Kさんが心肺停止の状態であり、看護師としての経験上、助からないかもしれないと思った。そのときは「ドーナツをのどに詰まらせて、心肺停止の状態になってしまったのではないか」と考えた。

Kさんの開いた口の中にドーナツ片があるのを見た細川さんは、それを自分の指を使って二回かき出した。一回目は舌の上にあったドーナツを右手の人差し指でかき集め、人差し指と親指でつまんで取り出した。取り出したドーナツは細川さんの親指の第一関節ぐらいまでの量で、やわらかく、湿っていて、触るとすぐ崩れてしまうような状態だった。二回目はばらばらになって口の中に広がっていたドーナツ片を人差し指でかき出した。その量は一回目の半分くらいだった。その後、Yさんが持ってきた吸引器を使って、Yさん、細川さんともう一人の看護師が吸引を試みたが、何も吸引することはできなかった。

細川さんは心臓マッサージを始め、その途中で介護職員に代わってもらい、酸素ボンベを取りに行った。酸素吸入をしないと助からないと考えたからである。意識を失ったKさんは弛緩した舌が咽頭のほうに落ち込んで気道を塞ぐ舌根沈下の状態になっていたので、細川さんはKさんの肩甲骨のあたりに枕を置いて顎が上るようにして気道を確保し、酸素マスクをKさんの鼻から口を覆うように当てて酸素吸入をした。Kさんの意識は回復しなかったが、手のひらから指先までがピンク色に変わってきたのを見た細川さんは、もしかしたら助かるかもしれない、と思った。

細川さんたちが心臓マッサージや酸素吸入をしているところに救急隊員が到着した。職員が心臓マッサージを続ける中、救急隊員が薬剤投与のための血管を確保しようとしたが、うまくいかず、Yさんが足首の血管を確保して点滴ができるようになった。

次に紹介するのは、松本市や安曇野市など三市五村を担当する松本広域消防局の梓川消防署から出動した救急隊員（三人）の一人である救急救命士が述べる救命処置と救急搬送の経過である。

救急救命士はまずKさんの意識、呼吸、脈拍がすべてないことを確認し、施設の職員から「窒息疑い」との説明があったことから、口の中をのぞき込んで異物があるかどうか調べた。最初は目視により、次に喉頭鏡を使って見たところ、ドーナツ片と思われる細かいものが口の中に複数あるのを確認した。声門（のどにある左右一対の声帯の間にある通路）の手前にあった一センチ四方ほどのドーナツ片は施設の吸引器を借りて取り除いた。その後、救急隊のAED（自動体外式除細動器）をKさんに装着したが、脈が触れない状態だったので電気ショックを行うことはなかった。

救急救命士が気管挿管を行った際、気管に異物があるような抵抗はなかった。施設の職員（＝Yさん）が確保した静脈路から（ショック時や心停止の治療に用いる）アドレナリンを点滴で投与した後、Kさんを救急車に乗せ、松本協立病院に向けて出発した。搬送を始めたところで一度、Kさんの心拍が再開したので、心臓マッサージを中断し、観察しながら病院に向かった。病院到着の直前に再び脈が触れなくなったので、二度目のアドレナリン投与をして心臓マッサージを行った。病院到着時は心肺停止状態だった。

このように、Kさんに対する救命処置は、意識消失の原因がドーナツをのどに詰まらせての窒息であることを前提に行われ、家族や救急隊員にもそう伝えられた。細川さんは、Kさんの隣で別の男性利用者にゼリーを食べさせていたYさんが、Kさんにはせきやむせがなかったのでまったく気づかなかった、と言っていることが気になった。

窒息であれば、通常、苦しがって声を出したり、机を叩いたり、もがいたりするといった、周囲の人に異変を知らせる何らかのサインを出すことが多いとされる。二〇二一年七月に筆者の取材に応じた細川さんによれば、Kさんが搬送された日の午後六時半ころ、連携病院である松本協立病院で検査が行われ意識消失の原因が診断されたかどうか確認しようと、あずみの里との間で共通化されている電子カルテを見てみたが、人工呼吸器を付けて集中治療室に運ばれたKさんが何らかの病気で意識を失ったことを示すデータはなかったという。

細川さんは窒息が起きたことに疑問を感じつつも、それを否定する材料もなかったので、Kさんの看介護記録には「窒息と判断」と書いた。看介護記録は看護職員と介護職員が利用者に関する情報を記載する文書である。そして、窒息事故を前提に、施設として同じような事故の再発を防ぐための対策を検討することになる。

ゼリー系に変更されたおやつ

Kさんは、おやつの最中に意識を失う前々月の二〇一三年一〇月二三日、それまで同居していた安曇野市内のNさん夫婦の家を離れ、あずみの里に入所した。要介護度は二番目に重い四だった。Yさんの公判におけるNさんの証言によると、KさんはNさんが結婚した翌年の一九七七年ころ、高血圧で体調を崩したことをきっかけにNさん夫婦と一緒に暮らすようになった。

Nさんの証人尋問ではYさんの弁護人が、一九九九年にKさんが入院した豊科病院（安曇野市）の医師が二〇一〇年に作成した診断書の内容に触れている。それによると、Kさんは二〇〇〇年八月に「アルツハイマー型認知症」と診断されていた。Kさんはあずみの里に入所するまでの約一四年間、デイサービスやショートステイ（短期入所）を利用しながらNさんの介護を受けて暮らしてきた。この間、二〇〇九年七月には自宅二階の窓から転落し、頭にけがをして、松本市内の相澤病院で治療を受けた。

高齢になって体の機能が衰え、さまざまな持病を抱えている利用者にサービスを提供する介護施設では、利用者の特性に応じた食事を用意する。あずみの里では、朝昼夕の三食の食事の形態は以下のように、主食が三種類、副菜が九種類だった。

主食＝米飯、全粥、ミキサー食
副菜＝常食、一口カット食（一口で食べられる程度の大きさに切って提供）、あらきざみ食（数ミリ程度に刻んで提供）、きざみ食（フードプロセッサーを使って一ミリ程度にきざんで提供）、きざみとろみ食（きざみ食にとろみ剤とだし汁をまぜたものを提供）、ミキサー食（ミキサーにかけて液状として粒が残っていない程度にしたものを提供）、嚥下食3、嚥下食2、嚥下食1

おやつの形態は二〇一三年一二月当時、大きく二つに分けられていた。三食の副菜が「常食」「一口カット食」「あらきざみ食」「きざみ食」の利用者には、ホットケーキやカステラ類、まんじゅう、どら焼き、ドーナツなど、いわゆる常食系のおやつを提供し、三食の副菜が「きざみとろみ食」「ミキサー食」「嚥下食3」「嚥下食2」の利用者には、豆乳デザートやプリン、嚥下用ゼリー、あずきムースなど、いわゆるゼリー系のおやつを提供していたのである。「嚥下食1」の利用者にはおやつはなかった。

三食については利用者ごとの食札の付いたお膳が厨房から各食堂に運ばれ、そこで介護職員によって各利用者に配膳されていた。おやつについては利用者ごとの食札はなく、常食系とゼリー系のおやつがひとまとめにされて厨房から各食堂に運ばれ、介護職員によってそれぞれのおやつが利用者に配られていた。

Kさんの食事は入所時から、主食が全粥、副菜がきざみ食で、おやつは常食系だった。これは、施設の相談員による、担当ケアマネジャーや娘のNさんからの聞き取りに基づいている。Nさんからの聞き取りは、Kさんがあずみの里に入所する六日前の二〇一三年一〇月一七日に行われた。当日、相談員がケアマネジャーと一緒にNさん宅を訪問した。その際、Kさんの食事に関してNさんがどんなことを相談員に伝えたかについて、Nさんと相談員の言い分には食い違いがある。

のちにYさんの刑事裁判に出廷したNさんの証言によると、Kさんは八〇歳ころに歯をすべて失ったが、入れ歯は使っていなかった。自宅ではKさんのためにご飯は全粥にし、おかずはたまねぎのみじん切りくらいの大きさに刻んでとろみを付けたり、すりつぶしたりしたものを用意していた。Kさんは箸やスプーン、フォークを使って食事を口に運び、かまないで飲み込んでいた。食べ物を口に運ぶスピードが速く、口の中が食べ物でいっぱいになってしまうことがあり、のどに詰まらせるようなこともしょっちゅうあった。そんなときNさんは食べ物を吐かせたり、背中を叩いたり、水を飲ませたりしていた。そのため、Kさんの入所に当たっては、食事を口に入れるのが速くて飲み込みがそれに追いついていないので、食事をするときはとなりにいて見ていてほしい、食事は細かく刻んでとろみを付けて飲み込めるような状態のものをあげてほしい、との要望を施設側に伝えたという。

これに対し、相談員はYさんの刑事裁判で、Nさんが食事にとろみを付けているという話や、Kさんが食事をするときには職員が横について、注意をして見守ってほしいという話は聞いていないと証言した。また、こういうものを食べさせてもらっては困る、ということも言われていないと述べた。弁護側が証拠として提出したKさんの入所判定会議録（相談員がNさん宅を訪問してからKさんが入所するまでの間に作成）の食事欄は、「ひとりでできる」が丸で囲まれ、相談員がNさんから聞き取った情報として「全粥、きざみ。スプーンを使い、何とか自力で食べている。詰め込むことが時々あり」と記載されていた。

あずみの里では、利用者の体調や食べ方を細かく観察しながら食事やおやつの量、形態を調整していた。Kさんについても、入所から意識消失までの約五〇日間に何度か変更している。

入所から約二週間後の二〇一三年一一月七日、Kさんは夕食後に居室に戻って間もなく嘔吐した。ノロウイルスなどによる感染症が疑われたため、四八時間は食堂に出るのを控え、居室で生活してもらった。また、嘔吐した翌日の八日の昼食から食事の量が半分にされた。これは、看護師が、

Kさんに食べ物を丸のみする傾向があり、食べ過ぎと判断したことによるもので、三日後の一一日の昼食から元の量に戻された。

Kさんは一二月一日、夕食を終えて居室に戻ってから嘔吐した。このときも感染症対策が取られ、翌二日の朝食は絶食となった。

一二月四日夜、KさんらC棟で生活する利用者を担当しているCチームの会議が開かれ、介護職員やYさんが出席した。感染症対策を話し合う中で、Kさんの嘔吐の原因が話題となり、食事の量が多いのではないか、食後すぐに動くことがよくないのではないか、おやつをゼリー系に変更してはどうか、といった意見が出された。その後、管理栄養士とも相談、検討のうえ、一二月六日からおやつを常食系からゼリー系に変更し、それまで二〇〇グラムだった全粥を翌七日の昼食から一〇〇グラムに減量することになった。

このほかにも、あずみの里の介護職員は食事の提供時にきめ細かい配慮をしていた。

一二月六日の昼食には「お楽しみ食」としてスーパーで購入したにぎりずしを出したが、Cチームの介護主任の男性職員は、Kさんが硬いネタをのどに詰まらせることを心配して、おかゆの上にネギトロとイクラをのせて提供した。以前、別の利用者がすしをどんどん口に入れたのを見た経験から、Kさんに同じようなことが起こるのではないかと考えたからだった。一二月八日の昼食にそばを出す際には、Kさんが多量に口に入れ、丸のみすることを想像した男性介護職員がそばを小分けにして出した。

あずみの里では、食べ物を飲み込む嚥下機能に問題がある利用者には言語聴覚士による診察を受けてもらい、食事介助の方法などについて指導や助言をしてもらっていたが、Kさんについては言語聴覚士の診断は不要と判断されていた。おやつがゼリー系に変更されるまでの間、Kさんはカステラやホットケーキ、おやき、ロールケーキ、どら焼きなどのおやつを食べており、一一月三〇日に出されたおやつは、意識消失した一二月一二日に提供されたのと同じドーナツであった。

介護事故報告

話をKさんの意識消失後に戻す。

看護師長の細川陽子さんはKさんが意識を失ったときの状況から、窒息が起きたことに疑問を感じつつも、それを否定する材料もなかったので、窒息事故を前提に、同じような事故が再び起きないようにするにはどうすればよいかを検討することにした。

Kさんが意識を失ったのは、おやつをのどに詰まらせたことが原因である可能性があるということは、Kさんの急変直後のYさんからNさんへの電話連絡ですでに伝えられていたが、あずみの里では一週間後の一九日に改めて家族に状況を説明することになった。Kさんの家族が担当ケアマネジャーを通じて説明を求めてきたからである。

細川さんによると、一七日の午前中にあずみの里を運営する社会福祉法人協立福祉会の事務局長が家族に電話して説明の日時、場所が決まってからしばらく経った、同じ日の午後、突然、安曇野市役所から電話がかかってきた。Kさんの意識消失の五日後のことである。電話をかけてきた男性は市に事故報告が出されていないことを強い口調で責め、「出さないのはどういう理由か。出さないつもりだったのか」と問い詰めてきたという。

介護保険が適用される特別養護老人ホームで介護事故が発生した場合の行政への報告については、介護保険法（一九九七年成立、二〇〇〇年四月施行）に基づき厚生労働省が定めた「指定介護老人福祉施設の人員、設備及び運営に関する基準」で、「速やかに市町村、入所者の家族等に連絡を行うとともに、必要な措置を講じなければならない」となっている。ただし、二〇一三年当時、具体的な報告期限までは定められていなかった。

筆者の情報公開請求に対して安曇野市が二〇二一年九月に開示した「安曇野市介護保険事故報告事務取扱要領」は、介護事故発生時の市介護保険課への報告期限を「おおむね二週間以内」とし、「利用者が事故による負傷などが原因で死亡に至った場合、又は生命等に係る重大な事故が発生した場合」は「速やかに」状況を報告するよう定めているが、この事務取扱要領が施行されたのは、あずみの里でKさんが意識を失ってから約三年半後である。

また、厚生労働省が、（一）死亡に至った事故、（二）医師（施設の勤務医、配置医を含む）の診断を受け投薬、処置等何らかの治療が必要となった事故などの市町村への報告期限、内容を示した通知を全国の都道府県、指定都市、中核市に出したのは二〇二一年三月一九日で、報告期限は「事故発生後速やかに、遅くとも5日以内を目安に提出すること」とされた。この通知は、市町村によって事故報告基準がばらばらであることを踏まえ、介護事故の発生や再発を防ぐための分析などが有効に行えるよう、事故報告の標準化を目的に出されたものである。

あずみの里ではそれまでにも市役所に事故報告を出したことがあり、細川さんとしては隠したり、故意に遅らせたりしているという意識はなかった。市役所から報告を督促されたのは初めてだったので、とても驚いたという。細川さんは「なぜ市が知っているのか」と訝しく思ったが、電話があった翌日の一八日、事務局長が事故報告書を市役所に持参した。あずみの里を運営する社会福祉法人協立福祉会の理事長名の「介護保険事業者事故報告書」である。その報告書には、見守りが必要な利用者であったのに職員の目が行き届かず、ドーナツをのどに詰まらせて窒息させてしまった、と記されていた。

家族からの責任追及

Kさんの家族への説明会はKさんの救急搬送から一週間後の二〇一三年一二月一九日にあずみの里で行われた。家族の側は、Kさんの長女、二女Nさんの夫とその二人の子どもの計四人で、施設側からは細川さんや事務局長、相談員ら計五人が出席した。

筆者の取材に対して細川さんが語ったところによれば、あずみの里の職員体制やKさんが意識を失った一二月一二日のおやつを提供するまでの状況、意識消失に気づいてからの救命処置や救急搬送までの経緯について細川さんが説明し、その内容を事務局長が記述した文書が、後日、家族に渡されたという。

家族への説明で細川さんは、（一）おやつについては利用者別の食札はなく、おやつの提供はスタッフが把握している利用者の食事摂取に関する情報による判断に任されている、(二) Kさんのおやつが一二月六日からゼリー系に変更されていたが、一二月一二日はスタッフがKさんにドーナツを提供した、(三) Kさんと同じテーブルにいた、食事介助を必要とする利用者に介助をしていたスタッフがKさんに対する完全な見守りができていない状況だったうえ、Kさんにせきやむせがなかったので、異常に気づくことができなかった――ことなどを話した。

細川さんは意識消失の原因が窒息であることに疑問を抱いていたが、窒息でないと断定できる証拠もなかったので、「ドーナツが原因ではないかもしれない」とか「窒息ではないかもしれない」とまでは家族に言わなかった。

筆者の取材に対して細川さんが語ったところによれば、二〇一三年一二月一九日の説明の際、家族の側は「歯がなく、どんどん口に入れてしまう早食いなので注意してほしいということを入所時にあれほど言ったのに、なぜこんなことになったのか」「歯のない人になぜドーナツを出したのか」などと大きな声で怒鳴り、「責任をどう取るんだ」と施設側を追及してきたという。

あずみの里を運営する社会福祉法人協立福祉会は二〇一三年一二月二〇日、安曇野市に追加報告書を提出した。その追加報告書は同月一八日の事故報告書と同じく、Kさんの意識消失を「窒息事故」によるものと認めたうえで、すでに実施している再発防止策を列記したものだった。

具体的には、(一) 利用者の食事内容とおやつの形態が分かる一覧表を変更がある都度、管理栄養士に提示してもらい、その都度確認して食事・おやつの提供を行う、(二) 食事があらきざみ食、きざみ食、きざみとろみ食、ミキサー食の利用者については、それぞれのおやつの形態を配膳用のお盆に明記し、おやつをお盆にのせて配膳する、（三）食事とおやつを提供する際、スタッフがホール全体を見渡せる場所から観察・見守りを確実に行う、（四）今後もチーム全体で検証を行い、さらに必要な改善策を検討していく——ことなどが記されていた。

（一）のような再発防止策を取ったのは、Kさんのおやつがゼリー系に変更されていたのに常食系のおやつであるドーナツが提供されたからで、そのような「誤配膳」を防ぐためにおやつの形態変更時の確認を徹底することにしたのである。

安曇野市への追加報告をした日の夜、KさんらC棟の利用者を担当するCチームの臨時の会議が開かれ、細川さんや事務局長も参加した。参加者は改めてKさんの「事故」を振り返って事実確認をしたうえで、「事故」の教訓を活かすため、何が足りなかったのか、再発を防ぐためにはどうしたらよいかを話し合った。

警察の捜査と賠償金支払い

あずみの里が家族への説明や安曇野市への報告をしてから約三週間後の二〇一四年一月七日、長野県警による捜査が始まった。細川さんは、最初、「なぜ警察が来るのだろう」と疑問に思ったが、警察官の話から、家族が警察に通報したことが分かったという。

警察は翌八日以降、Kさんがおやつの最中に意識を失って病院に搬送された日に食堂にいたYさんと二人の介護職員からの事情聴取を進めていった。

警察が捜査を始めてから九日後の一月一六日午後八時すぎ、松本協立病院に入院していたKさんが亡くなった。主治医が作成した死亡診断書には直接死因として「低酸素脳症」、その原因として「来院時心肺停止」と記載された。心肺停止の原因が「窒息」とは書かれなかった。詳しくは後述するが、主治医はKさんの死後、頭部のCT画像を撮影した。このCT画像が、Yさんが業務上過失致死罪で起訴された裁判で弁護側がKさんの死因を「脳梗塞による病死」と主張する根拠になる。

Kさんが亡くなる前から始まった長野県警による捜査が続く中、あずみの里を運営する協立福祉会は、Kさんの死から約二週間後の二〇一四年二月一日、Kさんの二女で法定相続人のNさんに損害賠償金を支払うことで示談が成立した。

Yさんの刑事裁判の第一一回公判（二〇一七年一〇月二三日）に弁護側申請の証人として出廷した細川さんへの尋問の中で検察官が明らかにしたところによると、Nさんに支払われた損害賠償金は一三〇〇万円で、示談書の「事故の原因状況結果」欄には「上記日時、場所にて、Kさん（※筆者注＝実際には実名が記載）がおやつ（ドーナツ）を食事中に甲（※筆者注＝社会福祉法人協立福祉会を指す）の担当職員の見守り対応が不十分であったため、喉をつまらせ窒息させた。救急車で病院に搬送し治療を続けたが、1月16日に病院で亡くなる」と記載されていた。損害賠償金は協立福祉会が加入していた保険会社の保険金で賄われた。

捜査が始まってから四カ月半後の二〇一四年五月二二日、長野県警は業務上過失致死容疑でYさんを長野地検松本支部に書類送検した。同年一〇月～一二月に複数回、検察官の取り調べを受けたYさんは同年一二月二六日、業務上過失致死の罪で起訴された。

起訴の衝撃

起訴状記載の公訴事実によれば、Kさんの食事中の動静を注視して、食物誤嚥による窒息等の事故を未然に防止すべき業務上の注意義務があるのにこれを怠り、他の利用者への食事の介助に気を取られ、Kさんの食事中の動静を注視しないままKさんを放置したことが、Yさんの過失とされた。

この起訴を、Yさんら施設の関係者はどう受け止めたのだろうか。

東京高裁の無罪判決が確定してから一年近く経過した二〇二一年七月、筆者の取材に応じたYさんは、捜査当局による取り調べが行われていた当時のことを次のように振り返った。

「私が事件の捜査について無知であったということもありますが、自分自身が立件される対象だとはまったく思っていませんでした。ご家族の通報で警察が調べを始めたのだから、警察や検察という組織は、あずみの里やそこで働く私たち職員とご家族との間の橋渡しをしてくれる存在だと思っていました。こちらの話をよく聞いて、それをご家族に伝えてくれるのではないか、それによってご家族の理解が得られるのではないかと思い込んでいたのです。施設を運営する法人の事務局長からも包み隠さず話をするように言われていたので、仕事の内容とかKさんが意識を失ったときの対応について正直に話しました。裁判にかけられるなんてまったく考えていなかったので、起訴されたときはたいへんなショックでした」

起訴されたことに衝撃を受けたYさんは、「仕事を失うのではないか」と強い不安に襲われた。

起訴された直後、施設長になっていた細川陽子さんに「このまま働いていいですかね」と尋ねると、「もちろん、いいよ」と言われた。

医療事故などで医師や看護師の刑事責任が追及されるケースは最近では少なくなっているが、そのような場合に医療機関を運営する組織が当該職員を支える側に回るとは限らない。医療機関を運営する組織の調査をきっかけに医療者個人が刑事責任を問われる事態に発展したり、組織防衛のために医療者個人をトカゲのしっぽ切りのように排除したりするケースもかつては珍しくなかった。しかし、あずみの里は全面的にYさんを支援し、刑事裁判の被告となったYさんはそれまでと変わらず仕事を続けた。のちに筆者の取材に応じた細川さんは、「（Kさんの）隣に座っていただけでYさんが刑事裁判にかけられるのはおかしいし、Yさんが望めば仕事を続けてもらうのは当然だと思っていました」と話した。

Yさんが起訴されたことは、起訴翌日の二〇一四年一二月二七日、地元紙の信濃毎日新聞が報じた。あずみの里が加盟する長野県民主医療機関連合会（長野県民医連）はその記事で事件を知ることになった。

民医連は、戦後、医療に恵まれない人々の要求に応えて全国各地につくられた医療機関などが加盟する組織である。都道府県の民医連の連合会である全日本民医連（一九五三年結成）に加盟する事業所は二〇二〇年一月現在、病院一四二、有床診療所一三、無床診療所四七六、歯科診療所八〇、訪問看護ステーション二四六、保険薬局三五一、老人保健施設五二、特別養護老人ホーム三七、在宅介護福祉関係施設二一五など、計一七八二に及ぶ。

「いのちの平等」を掲げ、加盟する医療機関では差額ベッド代を徴収しておらず、無料・低額診療にも積極的に取り組んでいる。二〇〇五年からは、国民健康保険の保険料（税）滞納などによって無保険になったり、通常より有効期間が短い「短期保険証」や医療機関の窓口でいったんは医療費の全額を支払い、後日窓口負担以外の給付相当分の支給を求めるために申請が必要になる「資格証明書」の使用を余儀なくされたりしたことで治療が遅れ、病状が悪化して死亡に至ったと考えられる事例の実態調査を行ってきた。現在は、国民健康保険以外の被保険者にも調査対象範囲を広げ、保険証を持っていても医療機関の窓口負担を払えずに受診が遅れた事例も含め、「経済的事由による手遅れ死亡事例調査」の結果を毎年発表している。

Yさんの起訴をきっかけに、全日本民医連の複数の顧問弁護士を含めた弁護団が結成された。起訴から一八日後の二〇一五年一月一三日、長野県松本市にある長野県民医連で第一回の弁護団会議が開催され、あずみの里の関係者や民医連の事務局関係者、弁護士ら約二〇人が出席した。全日本民医連の顧問弁護士の一人である小口克巳さんは二〇二一年九月、筆者の取材に対し次のように振り返った。

現地に行って話を聞くと、刑事裁判にかけられたことの意味もよく分からないが、異常なことになってしまったと感じて、どうしていいかわからないようでした。

他方、食堂でのおやつの介助は二～三人の職員が二〇人近い利用者に対して行っていることは確かめることができました。各利用者に対し一人の職員が専念することは不可能で、利用者の急変を予防することはそもそも無理であり、犯罪者として追及することが不当であることをお話ししました。施設の方たちは実感としてはわかるようでしたが、申し訳なさばかりにとらわれていました。犯罪とされてはならないことは、裁判の進行の中でだんだん理解が進んだと思います。

もし有罪判決が出てそれが確定するようなことになれば、介護現場に計り知れない悪影響を及ぼすことが予想できましたので、この裁判は絶対に負けられないと決意し、施設の皆さんを激励しました。そして、万全の体制をとるため、弁護団長になる木嶋日出夫弁護士ら長野県内の弁護士と私たち民医連の顧問弁護士を含め、一〇人を超える弁護団を結成したのです。

検察が主張した「注視義務違反」

初公判は起訴の四カ月後の二〇一五年四月二七日に長野地裁松本支部（本間敏広裁判長）で開かれた。検察官による起訴状朗読、裁判長による黙秘権などに関する告知の後、主任弁護人の中島嘉尚弁護士が、弁護側として検察官に対して釈明を求める事項について準備中であり、起訴内容に対するYさんと弁護人の意見陳述は求釈明に対する検察側の回答を踏まえたうえで行いたい、と述べた。

起訴状に記載された「公訴事実」は以下のとおりである（「被告人」はYさんを指す。死亡したKさんの実名が記載されている部分は匿名化した。元号表記の後の西暦と傍線は筆者による）。

被告人は、長野県安曇野市豊科高家５２８５番地11所在の社会福祉法人協立福祉会特別養護老人ホームあずみの里に准看護師として勤務し、同施設の利用者に対する看護及び介護業務に従事していたものであるが、平成25年（２０１３年）12月12日午後３時20分頃、前記あずみの里１階食堂において、同施設の利用者であるＫ（当時85歳）が間食を食べるに当たり、同人が食事中に食物を口腔内に詰め込む等の特癖を有し、食物を誤嚥するおそれがあり、かつ、当時、同食堂において利用者に対する食事の介助を行う職員が被告人及び同施設介護職員１名のみで、同介護職員は利用者に提供する飲み物の準備中であったため、前記Ｋの食事中の動静を注視することは困難であったのであるから、同人が間食のドーナツを口腔内に詰め込んで誤嚥することがないように被告人自ら前記Ｋの食事中の動静を注視して、食物誤嚥による窒息等の事故を未然に防止すべき業務上の注意義務があるのにこれを怠り、他の利用者への食事の介助に気を取られ、前記Ｋの食事中の動静を注視しないまま同人を放置した過失により、同人に前記ドーナツを誤嚥させて、同人を窒息による心肺停止状態に陥らせ、よって、平成26年（２０１４年）１月16日午後８時18分頃、同県松本市巾上９番26号社会医療法人中信勤労者医療協会松本協立病院において、前記心肺停止に起因する低酸素脳症により、同人を死亡させたものである。

弁護側が起訴内容について検察側に釈明を求めようとしたのは、業務上過失致死事件としてＹさんに刑事責任を負わせるためには、（一）Ｙさんに業務上の注意義務を課す根拠となる具体的事実関係が存在した、（二）Yさんに具体的注意義務があった、（三）Yさんがその注意義務に反した行為をした、（四）Yさんの注意義務違反行為でKさんの死亡という結果が生じた、という四つの要件が必要であるにもかかわらず、起訴状記載の公訴事実は極めて抽象的で、不明確、曖昧であるとの判断からだった。

検察に対する釈明要求

弁護側は初公判の一カ月後の二〇一五年五月二五日、「求釈明申立書」を裁判所に提出した。申立書に記載された「公訴事実に対する求釈明事項」は以下の四つからなり、合わせて四八項目に及んだ。

第一　注意義務の前提となる事実について
第二　注意義務の具体的内容について
第三　注意義務違反行為の態様について
第四　被告人の行為と結果との因果関係について

「第一」では、Kさんが意識を失った二〇一三年一二月一二日の食堂の状況やKさんの状況、食事介助を行う職員、Yさんの業務について尋ねた。具体的には、当日の食堂にいた利用者の人数や、食事中の動静を注視すべき対象がKさん以外にいたか否か、「食物を誤嚥するおそれがあり」というのは具体的にどのようなおそれがあったのか、「食事の介助」とは何か、准看護師として行っていた看護業務、介護業務の具体的な内容はどのようなものか、などを明らかにするよう求めた。

「第二」では、食物誤嚥による窒息等の事故を未然に防止すべき業務上の注意義務と注視義務について尋ねた。具体的には、「未然に防止すべき業務上の注意義務」は、不作為による過失責任として構成しているのか、その場合、Yさんの作為義務は、Kさんの食事中の動静を注視することなのか、Yさんの業務上の注意義務の具体的内容は、Kさんの食事中の動静を注視することのみと理解してよいか、Kさんの動静を注視すべき始期と終期はいつなのか、Kさんがドーナツを食べ始めたときからYさんの注視義務が発生したのか、Kさん以外の利用者の動静は注視しなくてもいいということなのか、などを明らかにするよう求めた。

「第三」では、Yさんが行った他の利用者の食事介助は本来やるべきでなく、Kさんの食事中の動静を注視すべきだったというのか、Kさんを「放置した」とは具体的にどのような行為をさすのか、などを明らかにするよう求めた。

「第四」では、ドーナツの誤嚥、窒息、心肺停止状態、心肺停止状態に起因する低酸素脳症について尋ねた。具体的には、Yさんの注視義務違反行為と「誤嚥」ならびに「窒息」、「心肺停止状態」との因果関係はどのようなものか、心肺停止状態と低酸素脳症との因果関係はどのような医学的機序に基づくものなのか、などを説明するよう求めた。

これに対し検察側は二〇一五年七月六日、釈明要求項目のほとんどに対して「説明する必要はない」とし、Yさんの業務上の注意義務の具体的内容は、Kさんの食事中の動静を注視することのみと理解してよいか、という質問に対してだけ答えた。それは、Kさんがドーナツを口腔内に詰め込んで誤嚥することがないようにYさん自らKさんの食事中の動静を注視して、食物誤嚥による窒息等の事故を未然に防止すべき業務上の注意義務であるという内容で、起訴状記載の公訴事実を書き写したに等しいものだった。

「私は無実です」

それから二カ月後の同年九月二日、第二回公判が開かれ、Yさんと弁護人の意見陳述、検察側の冒頭陳述が行われた。

Yさんは、Kさんの異変に気づいてから応援の看護師を呼ぶよう求め、職員が全力で手立てを尽くし、Kさんの救命のために必死になって頑張った、と述べたうえで、「私も含めた、職員に過失があったかのような起訴状には、納得できません」「私は無実です」と主張した。

弁護側は意見陳述で、四八項目に及ぶ弁護側の求釈明に対し検察側が何一つ釈明していないことは不当であると批判した。そのうえで、起訴状の記載内容に関して、（一）Kさんは食物を誤嚥するおそれがあったとされているが、誤嚥するおそれや誤嚥につながる特癖はなかった、（二）誤嚥と食べ物を口腔に詰め込むこととはまったく異なる事象であるのに、起訴状の公訴事実では、この違いが無視され、混同されて記載されている、（三）Yさんに対して、「Kさんの食事中の動静を注視して、食物誤嚥による窒息等の事故を未然に防止すべき業務上の注意義務」を課すことができるか否かの正しい判断のためには、当日の食堂現場における利用者全員及び介護従事者全員の正確な位置、移動、行動、各利用者の身体の状況、介護従事者の職務の内容等を、時系列に沿って、面的にも正しく把握することが必要不可欠である、（四）検察官がこの時系列的・面的な事実関係をまったく示さず、弁護人の釈明要求にも応えようとしないのは、警察官と検察官が現場における時系列的・面的な具体的状況の把握が正しくできていないこと、把握できないまま本件起訴がなされたことを示すものである――と述べた。

弁護団はあずみの里の職員の協力を得て、第二回公判に先立つ二〇一五年七月七日にKさんが意識を失った食堂で、利用者の位置関係や職員の動線を時系列で再現する検証を行っていた。第二回公判の意見陳述ではその詳細には触れなかったが、後日行う予定の冒頭陳述で検証結果に基づき、Yさんには公訴事実記載の過失がまったくなかったことを明らかにする、と予告した。

検察側は冒頭陳述で、（一）Kさんは一〇年以上前に認知症の症状が出始めており、食べ物を一度に口に詰め込み、のどにつまらせるなど、摂食に関して注意が必要な特癖があった、（二）あずみの里に入所する際、Kさんの家族は食事の際に職員の見守りなどが必要なことを施設側に伝え、施設側も、Kさんに自分で食べてもらうものの、食事の内容は「主食は全粥、副菜はキザミ食」としたうえで、食事中は見守りをすることにした、（三）Kさんがおやつの最中に意識を失う一週間前からゼリー系のおやつに変更され、その変更内容が看介護記録などの引継ぎ資料に記載されていたのに、Yさんはそれらの引継ぎ資料に目を通しておらず、Kさんのおやつの形態変更を知らないまま二〇一三年一二月一二日に介護職員の仕事であるおやつ介助を手伝った、（四）YさんがKさんと同じテーブルにいた男性利用者におやつを食べさせるなどの介助をすることに気を取られ、Kさんの異変に気づかなかった、ことなどを指摘した。

第二回公判から四週間後の二〇一五年九月三〇日、弁護側は「公訴事実及び冒頭陳述に対する求釈明申立書」を長野地裁松本支部に提出した。この申立書で弁護側は、起訴状と冒頭陳述の記載内容の食い違いなどについて質した。この申立書で釈明を求めた事項は一三項目にのぼる。

裁判所の釈明命令

検察側に釈明を求めたのは弁護側だけではなかった。裁判所も以下の三点について明らかにするよう検察側に命じた。

一．公訴事実には、「食物誤嚥による窒息等の事故を未然に防止すべき業務上の注意義務がある」と記載されているが、被告人が具体的にどのようにして窒息等の事故を未然に防止すべきであったと主張する趣旨か。

二．本件当時において、被告人が、被害者の他に業務上食事中の動静を注視しなければならなかった者の範囲を明らかにされたい（例えば、被害者と同じテーブルで食事をしていた者に限られるのか、食堂スペース内で食事をしていた者全体を含むのかなど）。

三　被告人が、本件当時、他にも食事中の動静を注視しなければならない者がいた状況下で、具体的にどのようにして被害者の動静を注視すべきであったと主張するのか。

裁判所に釈明を命じられた三項目について検察側は、二〇一五年一二月三日の第三回公判でこう釈明した。

まず、Yさんが具体的にどのようにして窒息などの事故を未然に防止すべきであったと主張するのか、という点については、具体的な行為を特定して釈明することは困難としながら、例として、(一)Kさんが食物を口に入れる際にその食物の形態によっては口に入れるのを阻止する行為、(二)Kさんが食物を口に詰め込んだ場合にその食物を手でかき出すなどして取り除く行為、(三)Kさんが食物をのどに詰まらせた場合にその食物を適切な機器等で吸い出すなどして取り除く行為、などが想定されると答えた。

二つ目の、Yさんが動静を注視すべき利用者の範囲については、Kさんと同じテーブルで食事をしていたものに限られるとした。三つ目の、Kさんの動静を注視する方法については、複数の行為が想定されるとしたうえで、例として、Kさんと同じテーブルにいてYさんが食事介助をしていた男性利用者にゼリーを食べさせる合間にKさんの方を振り返るなどして、Kさんの状況を見て確認する行為が想定される、とした。

弁護側は同日の公判で、検察側が「具体的な行為を特定して釈明することは困難」としていることについて、「具体的な注意義務の内容及び注意義務違反の具体的行為を明らかにできないというのであれば、本件起訴自体が違法・不当なものになるというほかない」と指摘した。
この日の公判で裁判所は、以下の六項目について明確にするよう、改めて検察側に釈明を命じた。

一．検察官が釈明した三つの行為（被害者が食物を口に入れる際にその食物の形態によっては口に入れるのを阻止する行為、被害者が食物を口に詰め込んだ場合にその食物を手でかき出すなどして取り除く行為、被害者が食物をのどに詰まらせた場合にその食物を適切な機器等で吸い出すなどして取り除く行為）は、公訴事実記載の「食物誤嚥による窒息等の事故を未然に防止すべき業務上の注意義務」の具体的な例示ということでよいか。

二．被害者と違うテーブルで食事をしていた者については、業務上食事中の動静を注視しなければならなかった者に含まれないということでよいか。

三．被告人に課すべき業務上の注意義務は、被告人が被害者と同じテーブルに着座したときから発生したということでよいか。

四．検察官が本日釈明した行為（男性入居者に対してゼリーを食べさせる合間に、被害者の方を振り返るなどして、同人の状況を見て確認する行為）は、被告人に課すべき業務上の注意義務の具体的な例示ということでよいか。

五．検察官としては、被告人には、男性入居者に対してゼリーを食べさせる合間に、被害者と同じテーブルで食事をしていた者の食事中の動静を注視し、さらに被害者の方を振り返るなどして同人の状況を見て確認する義務があったと主張することでよいか。

六.「男性入居者に対してゼリーを食べさせる合間に、被害者の方を振り返る」とは、男性入居者にゼリーを食べさせることを一旦中断して、被害者の方を振り返ることを想定しているのか、その他の趣旨も含むのか。

この釈明命令に対し検察側は、すぐに答えることはできない、とした。弁護側が、冒頭陳述をするための準備期間として約三カ月必要、と要請したことを受け、第四回公判は二〇一六年三月一四日に開かれることになった。

2章

独自検証に基づく無罪主張

再現した急変時の状況

初公判から一一カ月後の二〇一六年三月一四日、第四回公判が開かれ、弁護側が冒頭陳述をした。この日の公判の冒頭で検察側は、第三回公判における裁判所の釈明命令について、現段階で釈明する必要はないと考えていることを明らかにした。検察側は、弁護側が冒頭陳述を行うことを認めた以上、弁護側も争点が明確になったことを認めているはずであると主張したが、弁護団長の木嶋日出夫弁護士は、弁護側は争点が明確になったとは考えていない、と述べた。

この後行われた弁護側の冒頭陳述は全文一五〇ページ超に及ぶもので、七人の弁護士が約五時間かけて読み上げた。

弁護側は、検察側の冒頭陳述があずみの里の職員体制や業務の内容をまったく反映しておらず、看護職員であるYさんが、Kさんが意識を失った当日におやつの介助に入った事情を度外視し、当然のこととして介護の業務をしていたかのように事実関係を整理しているのは誤りであるとして、あずみの里における職員体制や職員間の連携の実態、入所している利用者の心身の状況、介護の必要度、食事介助の必要度などについて詳細に述べた。

看護職員が行う介護業務は昼食とおやつの介助だけであり、特におやつ介助については、看護業務に時間的な余裕があり、介護職員の手が足りない例外的な状況のときに介助に入る、介護職員の補助者と位置づけられていたことを指摘した。検察側は第二回公判で行った冒頭陳述で、Kさんのおやつは意識不明となる一週間前からゼリー系に変更され、その変更内容が看介護記録などの引継ぎ資料に記載されていたのに、Yさんがそれらに目を通しておらず、Kさんのおやつの形態変更を知らないまま二〇一三年一二月一二日に介護職員の仕事であるおやつ介助を手伝った、と指摘したが、この点に関して弁護側は次のように反論した（元号表記の後の西暦は筆者による。KさんとYさんの実名部分はいずれも匿名化した）。

看護師は看護の業務を行い、介護職員は介護の業務を行うのが原則である。そして、看護師は本来的業務である看護業務を行い、余裕があれば介護の業務を補助者として手伝うものと位置づけられていた。（中略）

このように、看護師は介護職員と共同して介護業務を担当するとはいえ、それぞれの詰め所が異なっており、それぞれの専門性を生かした配置がとられＡＢＣ各チーム（※筆者注＝あずみの里では入所者がＡ棟、Ｂ棟、Ｃ棟に分かれて生活しており、それぞれの棟を担当する職員の集団を

A、B、Cチームと呼んでいた）のカウンターに介護職員が作成する介護情報に関する各種記録が置かれているが、看護師には時間の余裕がないので目を通すことはできない。

看護師がこれらの介護職員作成の各種記録を読むように、あるいは読んで介護に関する情報を理解するようにと、指示されたことはなかった。（中略）

公訴事実は、介護業務と看護業務の内容を明確に区別せず、看護師であるYさんが介護職員と同等の立場で介護業務に携わっていたと指摘する。おやつ介助についても、介護職員と同等の情報を得て業務を行っていることを前提とした主張である。しかし、看護師は、利用者の介護をするに当たり介護職員と同等の情報を得られる立場にはなかったものである。

Kさんのおやつは食事指示箋によって平成25年（2013年）12月6日にキザミトロミ（※筆者注＝ゼリー系を意味する）に変更されたが、Yさんはその食事指示箋による変更を知らないでいた。

その後、Yさんは12月6日、9日、11日、12日に出勤したが、いずれも日勤勤務であり看護業務に従事していたので変更の事実を知らずにいた。

弁護側は、Kさんの入所から急変直前までの看介護記録の記載に基づき、Kさんが食物を誤嚥したことや食物をのどに詰まらせて窒息しそうになったことが一度もなかったことは明らかであるとして、Kさんには「食事中に食物を口腔内に詰め込む等の特癖を有し、食物を誤嚥するおそれがあ」ったとする起訴状や、「『食べ物を一度に口に詰め込み、喉に詰まらせる』など摂食に関して注意を要する特癖があった」とする検察側冒頭陳述に出てくる「特癖」はKさんにはまったくなかった、と主張した。Kさんが意識を失う一週間前におやつをゼリー系のものに変更することにしたのは、Kさんが暮らすC棟を担当する介護職員らの会議における感染症対策の話し合いの中でKさんの嘔吐の原因が話題になり、消化不良を起こしているのではないか、体型に比べて食事量が多すぎるのではないか、おやつをゼリー系に変更してはどうか、などの意見が出たことがきっかけだったことを指摘した。

続いて弁護側は、二〇一五年七月七日にあずみの里で行った検証について述べた。検証は、Kさんが意識を失った二〇一三年一二月一二日の午後のおやつの時間帯に、あずみの里の食堂にいた介護職員、看護職員がどのように動き、どんな作業をしたか、Kさんの異変に気づくまでの状況はどうだったか、異変に気づいた後にどう行動したか、などを異変発生当日に現場にいたYさんや介護職員の記憶に基づいて再現してもらい、それぞれの行動にどの程度の時間を要したか測定しながら、ビデオカメラで録画する、という方法で行った。

検証を担当した上野格弁護士は筆者の取材に対し、実施の目的をこう語った。

「Yさんに注視義務違反の過失があるかを判断するため、事実経過を確定することが検証の目的でした。検察の起訴状はその事実経過をあいまいにしていました。何があったのかわからないと評価のしようがないし、弁護のしようがないのです」

上野弁護士によれば、Kさんの体調が急変するまでの経過において、検察側が起訴状記載の公訴事実で明らかにしていない事項は以下のように多数あった。

一．Yさんが食堂に入ってきた時刻
二．Kさんの異常に最初に気づく女性介護職員が食堂に入ってきた時刻
三．YさんがKさんにドーナツを配ったタイミング
四．YさんがKさんの隣に座ったタイミング
五．YさんがKさんに背を向けたタイミング
六．YさんがKさんの横に座ってから異常発生または異常発生の確認までの時間
七．Kさんはうめいたり、むせたりしたか
八．その間、Yさんは何をしていたか
九．Kさんに異常がない様子を職員が視野に入れていた機会とタイミング
一〇．おやつ介助をした男性介護職員はどこで何をしていたか
一一．女性介護職員は食堂に入ってきて何をしていたのか
一二．Kさんの異常に女性介護職員が気づいたタイミング
一三．Kさんに異常が生じた時刻
一四．看護師長が男性介護職員から緊急事態を告げられた時刻
一五．Kさんの異常が発見されてから救命処置がとられるまでの時間

Kさんが心肺停止になった当日に食堂にいたYさんを含む職員と弁護団による検証は、第一回公判が開かれる約一カ月前の二〇一五年三月三〇日を皮切りに、同年七月七日までの間に計四回行わ

れた。上野弁護士によると、再現を繰り返したのは、検証に参加した職員たちが毎回、違和感をおぼえたからだった。再現の模様は毎回ビデオ撮影して、参加した職員に録画を見てもらい、議論した。それによって、職員の記憶が喚起され、タイミングや行動を思い出したり、タイミングが違うことが分かったりした。四回目のときに、当事者全員が納得する時間とタイミングで動く再現結果になったという。検証結果に基づき弁護側が明らかにした二〇一三年一二月一二日の状況は以下のとおりである。

この日おやつのために食堂に集まったC棟の利用者は一七人だった。この中には食事の介助が必要であったり、動静を観察する必要があったりする利用者が複数いた。当日の遅番の男性介護職員が利用者のための飲み物を配り始めていた午後三時一三分ころ、日勤だったYさんが利用者の洗濯物を畳み終わって、食堂の様子を見に来た。Yさんが食堂に入ってきたのは、男性介護職員が三人の利用者にコップに入ったお茶を配り終わったところだった。

何か手伝えることはないかとYさんに声をかけられた男性介護職員はYさんにおやつの配膳を頼み、自分は残りの利用者に牛乳を配って回った。この日のおやつはドーナツとゼリーで、厨房の担当者がおやつを載せて運んできたキャスター付きのワゴンは食堂内のキッチンの横に置いてあった。Yさんはワゴンを押しながら、九つのテーブルに分かれていた利用者におやつを配って歩いた。ゼリーは糖尿病がある人と摂食障害のある人の二人に配り、ドーナツは小分けにするなどして一四人に配った。一六人におやつを配り終えたYさんは、嚥下障害のために食事介助が必要な男性利用者のところにゼリーを持って行った。男性がいたテーブルには、他に二人の女性利用者がいた。そのうちの一人がKさんだった。

Yさんは男性とKさんの間にあったいすに座り、Kさんに背を向ける形で男性の方を向いてゼリーをしっかり飲み込めているかどうか確認しながら一口ずつ食べさせた。Yさんが男性に三口目のゼリーを食べさせようとしたとき、男性介護職員が別の男性利用者の食事（ゼリー）介助に入ることをYさんに告げた。

その直後、Yさんは、「どうしたの」という、日勤の女性介護職員の声を聞いた。女性介護職員は排泄ケアを終えて午後三時二〇分ころに食堂にやって来て、手を洗ってから、直前まで行っていた排泄ケアの結果を排泄リズムチェック表に記入した。その後、食堂内を見たところ、Kさんの様子がおかしいことに気づいて声を上げ、Kさんのところに駆け寄ったのだった。女性介護職員の目に映ったKさんはいすの背もたれに寄りかかり、体を左に傾け、左手を下げ、あごが上がった状態だった。Kさんからの返事はなかった。

Kさんに背を向けて男性利用者の食事介助をしていたYさんは、女性介護職員の声を聞くと、すぐにKさんのほうを向いた。だらんと垂れ下がったKさんの左手の指の色が変わっており、意識はなかった。

介護側は冒頭陳述で、検証によって明らかになった、異変発生時の状況を詳しく説明した。この検証によれば、排泄ケアのために遅れて食堂にやってきた日勤の女性介護職員が流しで手を洗って食堂内を一瞥してから、排泄リズムチェック表の記入を終えて顔を上げたときにKさんの様子がおかしいことに気づくまでの時間は二八秒だった。弁護側は、Kさんの異変はYさんが男性のおやつ介助をしている最中のこの二八秒のうちに、何の前触れもなく、またKさんがむせ返したり、声を出したり、苦しみもがいたり、すぐ隣のYさんに触れたり叩いたりして異常を告げることもないまま、突然に発生したものである、と指摘した。

さらに弁護側は、厚生労働省の職員配置基準を十分満たしているあずみの里であっても、全面的な介助が必要な人も含めて一七人の利用者に対し、最大で二、三人の職員が協力して食事介助に当たらざるを得ない介護現場の実情を無視して、特定の職員と利用者の一対一の関係だけを切り取って注意義務を認定しようとする検察側の起訴判断を「観念的で現実に立脚しない机上の空論」と批判した。介護現場の劣悪な労働条件に触れたうえで、Yさんを処罰することになれば、全国どこでもあずみの里と同じ状況にある介護現場に、以下のような深刻な影響を与えることになると警告した。

まず何より、介護現場の萎縮が生じる。退職者増加に拍車がかかることは容易に想定できる。次に、介護職員の新規採用にも障害となる。介護現場での利用者に加わる不利益も決して小さくない。介護事故をおそれるため、介護利用者の身体拘束等、行動の自由を大幅に制限することによって介護現場の利用者に背を向けた自己防衛が広がることになる。それによって、利用者が被害を受け、利用者の入所制限が更に厳しくなることは容易に想定される。実際、現時点でも多くの介護施設で、手間のかかる利用者、とりもなおさず生命維持に危険要素がある利用者の入所を受け入れないとの対処で、自己防衛を図っている。ことさらに過重な注意義務や責任を介護職員に負わせることになれば、その結果、介護職員がサービス提供を萎縮し、要介護者の自立支援に向けた積極的な取組みは崩壊することになる。

このように、弁護側は「Yさんに注意義務がなかった」と主張した。それだけではなく、Kさんにドーナツを誤嚥させ、窒息による心肺停止状態に陥らせ、約一カ月後に低酸素脳症で死亡させたという、検察側が描いたストーリーそのものに対して疑問を投げかけた。

Kさんの急変の原因は、窒息事故ではなく何らかの病気であるとの主張を弁護側が展開することになったきっかけは、第一回公判から約二カ月後の二〇一五年六月二五日に、嚥下障害に詳しい医師から窒息が起こるメカニズムなどについて話を聞いたことだった。その医師はのちに弁護側証人として出廷し、Kさんは窒息ではなかったと証言することになる。

訴因変更請求

第四回公判の後、Yさんの公判を担当してきた裁判官が全員交代し、野澤晃一裁判長ら三人の裁判官が新たに担当することになった。二〇一六年七月六日の第五回公判では、裁判官交代に伴う更新手続きとして、改めて弁護側が冒頭陳述を行い、検察側は裁判所から命じられていた六項目について釈明を行った。その中で検察側は、(一)YさんがKさんと同じ程度に食事中の動静を注視しなければならなかったのはKさんと同じテーブルでおやつを食べていた利用者に限られる、(二)Kさんに対するYさんの注意義務は、YさんがKさんと同じテーブルに着座したときから発生したということでよい、などと答えた。

こう釈明した検察側はその二カ月後の九月一六日、自らが犯罪事実として主張する「訴因」の一部変更と追加を裁判所に請求した。このうち一部変更請求は、以下のとおり、起訴状に記載された公訴事実の傍線部を、その後のカッコ内の文言に変更するというものだった(死亡した女性利用者の名前は「K」とした。元号表記の後の西暦と傍線は筆者による)。

被告人は、長野県安曇野市豊科高家5285番地11所在の社会福祉法人協立福祉会特別養護老人ホームあずみの里に准看護師として勤務し、同施設の利用者に対する看護及び介護業務に従事していたものであるが、平成25年(2013年)12月12日午後3時20分頃、前記あずみの里1階食堂において、同施設の利用者であるK(当時85歳)が間食を食べるに当たり、同人が食事中に食物を口腔内に詰め込む等の特癖を有し、食物を誤嚥(口腔内若しくは気管内異物により窒息)するおそれがあり、かつ、当時、同食堂において利用者に対する食事の介助を行う職員が被告人及び同施設介護職員1名のみで、同介護職員は利用者に提供する飲み物の準備中であったため、前記Kの食事中の動静を注視することは困難であったのであるから、同人が間食のドーナツを口腔内に詰め込んで誤嚥(詰め込むなどして窒息)することがないように被告人自ら前記Kの食事中の動静を注視して、食物誤嚥による窒息等の事故（食物による窒息事故）を未然に防止すべき業務上の注意義務があるのにこれを怠り、他の利用者への食事の介助に気を取られ、前記Kの食事中の動静を注視しないまま同人を放置した過失により、同人に前記ドーナツを誤嚥させて、同人を窒息による心肺停止状態に陥らせ（同人にドーナツを摂取させ、口腔内若しくは気管内異物による窒息に起因する心肺停止状態に陥らせ）、よって、平成26年（2014年）1月16日午後8時18分頃、同県松本市巾上9番26号社会医療法人中信勤労者医療協会松本協立病院において、前記心肺停止に起因する低酸素脳症（低酸素脳症等）により、同人を死亡させたものである。

一部変更請求で検察側は、「誤嚥」という言葉を起訴状から除き、死因を「低酸素脳症等」に変更しようとしたことが分かる。弁護側は第四回公判で行った冒頭陳述で、「『誤嚥』とは、喉頭の奥にある声門を越えた気管内に、食物などの異物を誤って入れてしまうことである」と指摘した。そのうえで弁護側は、Kさんに異変が起きた後、救命処置に当たったYさんらがKさんの舌の上からドーナツのかけらや破片を取り出したが、それはいずれも口腔内からであって、喉頭や気管内からではない、したがって誤嚥を認めうる客観的証拠はない、と主張していた。

おやつの形態変更確認を怠った過失を追加

では、検察側の主張の追加はどんな内容だったのだろうか。

もともと検察側が主張していたのは、Kさんの食事中の動静を注視して食物による窒息事故を未然に防ぐ業務上の注意義務を怠ったというYさんの過失（＝注視義務違反）だったが、新たに別な主張（予備的訴因）を追加することを裁判所に請求したのである。二〇一六年九月一六日付で検察側が請求した予備的訴因は以下のとおりである（死亡した女性利用者の名前は「K」とした。元号表記の後の西暦と傍線は筆者による）。

被告人は、長野県安曇野市豊科高家5285番地11所在の社会福祉法人協立福祉会特別養護老人ホームあずみの里に准看護師として勤務し、同施設の利用者に対する看護及び介護業務に従事していたものであるが、平成25年（2013年）12月12日午後3時20分頃、前記あずみの里1階食堂において、同施設の利用者に間食を提供するに当たり、間食を含む同施設の入所者の食事形態については身体機能や臨床症状等を勘案して決められ、決められた形態と異なる食事を入所者に提供して摂取させれば、これを摂取した入所者に窒息事故等を引き起こすおそれがあったのであるから、各入所者に提供すべき間食の形態を確認した上、これに応じた形態の間食を入所者に配膳して提供し、窒息等の事故を未然に防止すべき業務上の注意義務があるのにこれを怠り、きざみトロミ形態の間食であるゼリーを提供することとされていたK（当時85歳）に対し、同人に提供すべき間食の形態を確認しないまま、漫然とドーナツを配膳して提供した過失により、同人にドーナツを摂取させ、口腔内若しくは気管内異物による窒息に起因する心肺停止状態に陥らせ、よって、平成26年（２０１４年）1月16日午後8時18分頃、同県松本市巾上9番26号社会医療法人中信勤労者医療協会松本協立病院において、前記心肺停止に起因する低酸素脳症等により、同人を死亡させたものである。

傍線部に記されたように、検察側がYさんの過失として新たに追加した主張は、おやつの形態変更確認義務違反とも言うべきものである。追加主張なので、Yさんに注視義務違反があったとする、もともとの主張を取り下げたわけではない。主張の追加は、注視義務違反という主張が裁判所に認められない可能性が高くなったので、その場合に備えたものであると弁護側は受け止めた。なぜ、注視義務違反という主張が認められる可能性が低いのか、弁護団はその理由を次のように分析した。

検察官は訴因変更請求をした時点において、Yさんに注視義務が発生するのはYさんがKさんのいるテーブルに着席した時点以降であるとし、注視義務の対象者はKさんと同じテーブルで食事をしていた利用者に限定されると釈明するに至った。そして、注視義務の具体的内容としては、（一）Kさんが食物を口に入れるのを阻止する行為、（二）Kさんが食物を口に詰め込んだ場合にそれを取り除く行為、（三）Kさんが食物をのどに詰まらせた場合にそれを取り出す行為、などが想定されるとした。しかし、（一）～（三）のうち、まず（二）と（三）の注視義務は成り立ちにくい。なぜなら、（二）に関しては、YさんはKさんのいるテーブルに着席した後、食事介助が必要な男性利用者が誤嚥しないようにゼリーを一口ずつ食べさせていたことが証拠上明らかなので、仮にYさんの着席後にKさんがドーナツを口に入れたとしても、Yさんがそれを認識することは困難な状況にあったので、Kさんが口に入れたドーナツをYさんが取り除く行為に出ることは期待可能性が乏しい。また、Yさんら施設職員がKさんの異変に気づいてから懸命な救命処置を講じたことは証拠上明らかであるから、注意義務を尽くしていたと言えるので、（三）の注視義務違反もない。

残る（一）について検察官は、YさんがKさんのいるテーブルに着席した時点以降に、Kさんが食物を口に入れるのを阻止する義務があることを立証しなければいけないが、Kさんがいつの時点でドーナツを口に入れたのかについては証拠が存在しないので、Yさんがテーブルに着席する前にKさんがドーナツを口に入れた可能性を排除できない。それが真実である場合には、Yさんはテーブルへの着席後にはもはや食物を口に入れるのを阻止することはできないのであるから、ドーナツを口に入れないよう阻止する義務は認められない。したがって、（一）についても注視義務違反が認められないことになる――。

追加主張への弁護側の反発

起訴から一年九カ月、初公判から一年五カ月が経過し、遅ればせながら、Yさんの注視義務について裁判所から釈明を命じられた事項に検察側が回答したことで争点が絞られ、これから証人尋問に入っていくという段階になって、突然、検察側が持ち出した追加主張に弁護側は強く反発した。

検察側が主張の追加請求をしてから二カ月後、弁護側は中島嘉尚主任弁護人名の「検察官の予備的訴因追加請求に対する意見」（二〇一六年一一月四日付）を裁判所に出した。

全文一八ページに及ぶこの意見書で弁護側は、前述したような分析に基づき、検察側のもともとの主張である注視義務違反が認められる可能性が低いことを指摘した。また、食事の変更決定に反する食事を提供することに窒息事故の危険があるという検察側の新たな主張については、あずみの里での食事形態の決定が必ずしも窒息事故の危険性のみを判断要素としておらず、Kさんのおやつの変更も消化不良を起こさないようにするためであったことを指摘し、「決められた形態と異なる食事が提供されたからといって、直ちに窒息事故の危険が高まるわけではない」と主張した。

そして、「必要性も合理性も乏しい訴因変更請求」であるとして、次のように、検察側を厳しく批判した。


そもそも、検察官は、起訴権限を独占する公益の代表者として、また、刑事司法の専門家として、国民から信頼される訴訟追行が求められる。検察官が起訴権限を独占していることは、検察官が考える以上に重くかつ厳しい内実を有している。弁護人は、刑事裁判を通じて被告人とともに歩む機会が多く、つぶさに被告人らの生きた現実を目の当たりにし、自らを処する糧としている。本件においても、善良な市民として、また、勤勉な看護師として心を込めて職務に専心してきた被告人の人生は、刑事訴追で激変する。無実を明らかにし、無罪の判決を得ることが出来てもその影響、負担は限りなく大きい。しかも、本件は介護を巡る社会状況を一変させ、将来にわたってわが国の介護を左右しかねない重大な問題を含んでいる。被告人の職場であるあずみの里も重大な影響を受け、それは全国の介護にも及ぶものである。被告人、そして弁護側が死力を尽くして争点にそって集中的に資料、情報を収集し、無実を明らかにしてきたこの期に及んで、再び新たな負担を求めるなどとても許されないことを肝に銘ずべきであろう。

さらに言えば、公正・公平であるべき検察官としては、捜査および公判請求の杜撰さに気づいたときには、公訴を取り消す決断をするのが本来あるべき姿である。ところが、検察官は、当初訴因について、これを撤回しないばかりか、当初訴因では単なる事情として扱っていた行為について、予備的訴因変更という形で、なおも公判の継続を図ろうとしているのである。一度公判請求したものは、検察庁の面子にかけて撤回はできないということであろうか。これまでの経過および予備的訴因の内容を見る限り、当初訴因および予備的訴因は、およそ検察官自身においても、確実に有罪立証をなしうるとの確信のもとに行っているものとは到底思えない。

これに対し検察側は、もともとの訴因（注視義務違反）が認められない可能性が極めて高い状況にあり、それゆえに検察官が予備的訴因を追加請求したというのは「弁護人の一方的な見解」と反論した。また、前述したように、第四回公判で検察側は、冒頭陳述を行う以上、弁護側も争点が明確になったことを認めているはずであると主張していたが、訴因変更請求後は逆に、いまだ争点の絞り込みを終えた段階にはない、と主張した。

検察の請求を認めた裁判所

長野地裁松本支部は検察側の訴因変更請求から四カ月後の二〇一七年一月一九日、予備的訴因の追加を認める決定を出した。

刑事訴訟法三一二条一項は訴因変更について、「裁判所は、検察官の請求があるときは、公訴事実の同一性を害しない限度において、起訴状に記載された訴因又は罰条の追加、撤回又は変更を許さなければならない」と定めている。長野地裁松本支部は、検察側が新たに請求した主張と、もともとの主張との間に公訴事実の同一性が認められるとしたうえで、請求を不許可とできる、「検察官の権利の濫用」に該当するか否かを検討し、それには当たらないと判断したのである。その理由の概要は以下のとおりである。

一．証拠調べも本件の背景や前提となる事実関係に関する書証が取り調べられたにとどまり、検察官の主要な立証はこれからなされる段階にある。

二．争点についても、検察官に対する求釈明に関するやり取りが予備的訴因追加請求の二カ月ほど前まで行われていたし、被告人の供述調書の任意性などこれから整理すべき争点がある。

三．予備的訴因は新たな過失を主張するものではあるが、主位的訴因（※筆者注＝検察側のもともとの主張）との相違は、同一の死亡事故に至る被告人の一連の行為のどの部分を過失行為ととらえるかの違いであり、検察官が打ち合わせ期日で述べたところによれば、予備的訴因の立証のため追加で請求を予定している証拠の数も多くない。

四．弁護人らが新たな主張、立証の準備が必要となることは避けられまいが、従前の準備と重なる部分もあると見受けられるので、予備的訴因の追加による防御上の不利益が、必要であれば公判手続停止の措置もとることとしている刑訴法三一二条に照らして許容できないほどに著しいとは認められない。

検察側の主張の追加を認める長野地裁松本支部の決定が出た六日後の二〇一七年一月二五日、Yさんと主任弁護人はこの決定の取り消しと予備的訴因の追加を不許可とすることを求める特別抗告を最高裁に申し立てた。

申立書の中で、長野地裁松本支部の決定について、「弁護人による再三の釈明要求と裁判所による釈明命令によって原訴因の主要な争点が長期間を要して形成された経緯や、弁護人による立証準備活動の成果として弁護人の冒頭陳述において有罪立証の困難性が示されたことが契機となって検察官が予備的訴因追加請求に踏み切った経緯を適切に考慮せずに本件予備的訴因の追加を許可している」と批判し、「すべて刑事事件においては、被告人は、公平な裁判所の迅速な公開裁判を受ける権利を有する」と定めた憲法三七条一項に違反する、などと主張した。

この申し立てに対し、最高裁第一小法廷（大谷直人裁判長、池上政幸裁判官、小池裕裁判官、木澤克之裁判官）は約一週間後の二月二日、裁判官全員一致の意見で抗告を棄却する決定を出した。

動静観察が必要な複数の入所者

特別抗告が最高裁で棄却された五カ月後に開かれた第八回公判（二〇一七年七月四日）から証人尋問が始まった。第八回公判では、Kさんが突然意識を失った二〇一三年一二月一二日にあずみの里C棟の食堂で利用者に飲み物を配ったり、一部の利用者のおやつ介助をしたりした男性介護職員、第九回公判（二〇一七年八月二二日）では、同じ日に食堂で最初にKさんの異変に気づいた女性介護職員が証言した。

男性介護職員は、当日食堂にいた一七人の利用者の持病や特性、食事介助の必要度、Yさんにおやつの配膳を頼んだ経緯、Kさんが意識を失うまでの経過などを詳しく証言した。

男性介護職員の証言などに基づく一審判決の認定によれば、当日食堂に集まった一七人の中には、以下のように、食事の介助が必要であったり、動静を観察する必要があったりする利用者が複数いた。

・嚥下障害を有し誤嚥性肺炎での入院歴もあることなどから、一口ずつ間食の飲み込み等を確認

して介助の必要がある者
・てんかんの発作の既往歴があり誤嚥性肺炎の危険もあるため見守り、介助が必要な者
・スプーンが上手に使えず、様子を見て、職員により介助が必要な場合がある者
・自力で食べる量が少ないときは介助が必要となり食事中のむせもあった者
・自力摂取できるが食べ遊びがあり場合によっては食事の一部介助が必要となる者
・パーキンソン病のため体がよく動かないときがあるなど食事時の様子の観察が必要である者
・よく噛まずに食べむせることがあり動向に注意する必要がある者
・脳梗塞により姿勢が崩れることがあるなど食事時観察が必要な者
・義歯の不具合によるむせが生じることがあるうえ、食べ終わった際すぐに動いてしまい動静を観察する必要がある者
・他の利用者とトラブルを起こしやすく動向を見る必要がある者
・気管支炎、喘息などの既往があり、吐き気、嘔吐の有無、食欲・食事量の観察などが必要である者
・塩分制限が必要であったが、他利用者と菓子のやり取りをするなどその動向に注意が必要である者

すでに述べたように、Kさんが意識を失う八日前の二〇一三年一二月四日にC棟担当の職員の会議が開かれ、感染症対策を話し合う中で、Kさんがそれまでに二回嘔吐した原因が話題となった。

そこで、食事の量が多いのではないか、食後すぐに動くことがよくないのではないか、おやつをゼリー系に変更してはどうか、といった意見が出された。その後、管理栄養士とも相談、検討のうえ、一二月六日からおやつを常食系からゼリー系に変更し、それまで二〇〇グラムだった全粥を七日の昼食から一〇〇グラムに減量することになった。一二月四日の会議でKさんの嘔吐を話題にしたのが、この男性介護職員だった。

一二月一二日のおやつでは、物を飲み込む嚥下機能に問題があった二人、糖尿病で低カロリーゼリーを与えていた一人とKさんの計四人にゼリーを配る予定だったが、おやつの時間に食堂に手伝いにきたYさんにおやつの配膳を頼む際、男性介護職員は特に指示はしなかった。それに関して、検察官と男性介護職員の間で次のようなやり取りがあった（意識を失い、のちに死亡した利用者は尋問調書では実名になっているが、Kさんとした）。

検察官　被告人に頼んだときに、ゼリーとドーナツの区別をきちんとつけないで、Kさんにドーナツを配っちゃう、そういうこと心配してましたか。
男性介護職員　心配はしていませんでした。
検察官　どうして、心配しなかったんだろう。
男性介護職員　おやつというのが楽しみであり、し好によるものなので、家族からの差し入れがあったときにはそちらを提供したりもしてたので、そういう何かおやつっていうのは間違える心配というか、そういう概念は私の中にはなかったです。

検察官　今、あなた、間違える心配がないって言ったけど、今のあなたの説明からすると、間違っても問題ないって、そういうことじゃないの。そう思ってたってこと。

男性介護職員　まあ、そうです。

このやり取りに関する裁判官の補充質問に対し、男性介護職員はゼリーを配る予定だった四人のうちKさん以外の三人については「しっかりとゼリーを配るっていうことは認識してた」と述べたうえで、Kさんについては、嚥下機能に問題がなかったことを理由に、「ゼリー系だっていう認識がなかったです」と答えた。

第九回公判では、最初にKさんの異変に気づいた女性介護職員がそのときのKさんの様子などについて証言した。

「食事に気を付けてもらいたいとお願いした」

第一〇回公判（二〇一七年九月一一日）では、Kさんがあずみの里に入所するまで同居していたKさんの二女のNさんが証人として法廷に立った。

一九八一年ころから二〇一三年一〇月にあずみの里に入所するまでKさんと一緒に住んでいたというNさんは検察官の質問に対し、入所した当時のKさんの食事についておおむね次のように証言した。

八〇歳ぐらいから歯が全部なくなったが、入れ歯を使うことはなく、食べ物はかまないで飲み込んでいた。そのため、おかずは細かくして、とろみを付けたりして与え、ご飯は全がゆにしていた。箸やスプーン、フォークを使って食べ物を自分の口に運ぶ動作自体はできていた。一回にすくう食べ物の量が多く、口に運ぶスピードもとても速かったので、口に入れたものの飲み込みが追いつかず、口の中が食べ物でいっぱいになってしまうこともあった。食べ物をのどに詰まらせることもしょっちゅうあった。食べ物が詰まって、真っ赤な顔をして苦しそうだと、食べ物を吐かせたり、背中をたたいたりして、とにかく出すようにさせていた。

母親をあずみの里に入所させるに当たって、Nさんは、(一)口に入れるのが速くて飲み込みがそれに追いついていかないから、食事をするときは必ず隣にいて見てくださいと要望した、(二)食事は細かく刻んで、とろみを付けて、飲み込めるような状態にし、ご飯は全がゆでお願いしますと言った、と証言した。

検察官は質問の最後にNさんの気持ちを尋ね、以下のようなやり取りがあった。

検察官　そしたら、次にまた別のことをお尋ねしますけど、まず証人は今現在、お母さんが今回の事故で亡くなられたことに納得はいっていますか。

Nさん　いいえ。

検察官　そのことに納得がいかない理由というのは何ですか。

Nさん　入所するときに、おばあちゃんのこと、食事の面でとても気を付けてもらいたいということを何度も何度も繰り返してお願いしたんだけど、それが原因で亡くなったから納得いかないです。

検察官　それでは、この裁判で被告人として罪に問われている、この法廷にいる被告人、この被告人個人に対しては、どんな処罰を望みますか。

Nさん　裁判所の判断にお任せしようと思っています。

検察官　被告人個人について、刑務所に入れてほしいとか、厳しく処罰してほしいとか、そういう気持ちはないんですか。

Nさん　そういうことはないです。

死後に行なわれた頭部CT検査

ここまでの証人尋問では、検察官はもちろんのこと、裁判官も、Kさんが窒息事故で亡くなったという前提で、各証人に質問をしていた。Kさんの死因については、Yさんの刑事裁判の大きな争点の一つとなるので、救急搬送されたKさんの治療に当たった主治医がどんな見解を持っていたのかを、その法廷証言から紹介する。

Kさんの治療を担当した松本協立病院の上島邦彦医師が証人として出廷したのは、初公判から二年六カ月後に開かれた第一一回公判（二〇一七年一〇月二三日）だった。上島医師は検察側、弁護側双方が申請した証人だった。証言によれば、上島医師は内科が専門で、Ｋさんが二〇一三年一二月一二日に救急搬送されたときの初期対応には関わっておらず、Ｋさんが入院したその日の夕方以降に引継ぎを受けて治療を担当することになった。入院から約一カ月後の二〇一四年一月一六日にＫさんが死亡した際には、直接死因は「低酸素脳症」、その原因は「来院時心肺停止」とする死亡診断書を作成した。

検察官は心肺停止の原因についての見解を上島医師に尋ね、次のようなやり取りがあった（尋問調書記載の死亡した女性の実名はＫさんとした）。

検察官　じゃあ、次にまたちょっと別のことを伺います。Ｋさんが来院時心肺停止となった原因について、当時、主治医であった先生としては、どういうふうに、その原因を判断したんですか。

上島医師　まず、送りが恐らくドーナツを食べてるところで心肺停止状態になったという情報は受けておりました。それで、当然、御飯、食事というか食べ物を喉にある状況での心肺停止ですので、今問題になってる窒息は、可能性はあり得るというふうに思ってました。ただ、それ以外に、食べてる途中で、高齢なかたですので脳梗塞若しくは心臓に致死的な不整脈など、そういったもの、突然心臓が止まり得るものに関しては可能性があるかなと。ただ、そのどれも確定に至るに根拠のあるような確実な証拠というのがない状況だなというふうには思っておりました。

検察官　ドーナツを詰まらせたと、そういう情報がある上で、ただ、それが来院時の心肺停止の原因だと確定できなかったと、そういうことですよね。

上島医師　そうです。

検察官　じゃあ、そうすると、他の原因については検索とか検討というのはしたんですか。

上島医師　その意味で、ちょっと残念ながらお亡くなりになった後なんですが、頭のCT検査の実施をお願いしました。

検察官　頭のCT検査、他のドーナツを詰まらせた以外の窒息の原因は考えられるんだったら、生きてる間に何でしないんですか。

上島医師　それは原因が何であれ、もう来院されたときに、まず心肺停止状態で、心拍は再開しましたが、その後の意識状態は戻らずに、最初、低体温療法なども実施しましたが、それでも意識は戻らない。その状態で、例えばそこでCT検査をとっても、その後の治療には結び付かない。その後、このKさんの予後を改善させる、もう一回、その意識を回復させるような、その治療法のめどがなかったからです。

検察官　そうすると、Kさんの心肺停止の原因が何であろうが、治療方法というのは変わらないんですか。

上島医師　来院された、あの状況では変わらなかったと思います。

検察官　例えば、脳梗塞っていうのは血管が詰まるということですよね。

上島医師　そうですね。

検察官　血管の中の使った（原文ママ。※筆者注＝「詰まった」の誤記と考えられる）塊を溶かすとか、そういう治療はしないんですか。
上島医師　溶かす治療は、その状態ではできないと思います。もう呼吸が停止されてて、心拍は再開しましたけど、人工呼吸が付いてててこん睡状態、来院時心肺停止と言われる状態ですから、ちょっとなかなか難しいと思います。
検察官　先生、さっき疑われたというのは、脳梗塞と、もう2つ、何でしたっけ。
上島医師　もう一つは、今私が言ったのは、恐らく心室細動などという言い方をしましたね。
検察官　じゃあ、先生があれですか、ドーナツが喉に詰まった以外の心肺停止の原因として考えたのは脳梗塞と、心室細動でしたっけ。
上島医師　はい。

上島医師はこの後、心室細動の可能性はかなり低いと考えていたと述べた。検察官から、脳梗塞とドーナツがのどに詰まって窒息したことの確率はどちらが高いと当時考えていたか尋ねられると、「当時の見解では、脳梗塞で突然何の前触れもなくいきなり心停止をするようなことがあるかどうかについて、私には、その知見がありませんで、食べている途中ということからいくと、脳梗塞と窒息を比べると、その当時、窒息の可能性はあるのかなというふうに思ってました」と答えた。

検察官から二つの可能性にどのくらい差があると考えていたか重ねて尋ねられた上島医師は、「私はどんなものがどれだけ詰まってたかという、その当時、詰まっているものに関して、実際にその現場を、私は当然見ておりませんし、どれだけのものがどういう状況で喉にあったのかというのが、ちょっとはっきりしたものが分かりませんでした。ですので、それが分からないと、窒息の確率が高いのかどうか自体も推し量れない状況でした。ですので、その確率も計算がしかねるので、判断をするのを保留したというのが現実です」と述べた。

この後、上島医師は、Kさんの死から三年以上経過した証言時点においては、窒息よりも脳梗塞の可能性が明らかに高いと考えている、と証言した。そのように考えるようになったのは、上島医師がある医学論文を見つけて読んだことがきっかけだった。

心停止招く脳梗塞を報告した論文

上島医師が見つけたのは、二〇一四年に米国の救急医学の専門誌に掲載されたオーストリアの研究グループの論文である。論文を見つけたきっかけについて、検察官から「今回の裁判に証人として出ていただくに当たって検索したっていうことですか」を尋ねられた上島医師は、「その前からですかね。この間が、これが裁判になったということで、いろいろと調べたということですね。気になっておりましたので、その死因に関しては」と答えた。

弁護側が原文のコピーとともに証拠請求した反訳文によると、「心停止の神経学的原因とその後の転帰」というタイトルの論文は一九九一年～二〇一一年の間に神経学的疾患による心停止により救急部門で治療を受けた患者一五四人の診断、治療結果を分析したもので、原因別では、くも膜下出血が最も多く七四例（四八％）、脳内出血が三三例（二一％）、てんかん発作が二三例（一五％）、脳梗塞が一一例（七％）、その他の神経学的疾患が一三例（八％）だった。弁護人はこの論文を示しながら、上島医師にその内容について尋ねた。

上島医師　実は、これ、私どもにとっては驚きの内容で、いわゆる脳梗塞、脳神経的な問題で、そこにあったトラブル、例えばくも膜下出血、脳出血、あと、今回は脳梗塞が入ってるんですが、そういったもので、特に脳梗塞が原因で、突然、何も前触れもなく突然心停止することがあるということは余り知られてませんでした。その機序も、ちょっと説明が今までされてなかったんですね。この論文では約20年間の蓄積の中で、ちょっと正確なことは、すみません、百数十例以上の、結局、脳の脳梗塞、脳出血、くも膜下出血ですね。あと、てんかん、こういったものが原因で何の前触れもなく、いきなり心停止してたということを報告してる論文です。その中に約11例、脳梗塞が原因で突然心肺停止をしてるという症例が約11例報告されてました。私どもにとっては、これは非常に驚きの知見ということになります。

（中略）

弁護人　では、あなたは、現在、今の段階で、今回のKさんの低酸素脳症の原因は何だとお考えでしょうか。

上島医師　現時点では脳梗塞で心停止して、そのことが低酸素脳症の原因になった可能性が高いんではないかと思っております。

弁護人　窒息よりも高いと思ってるんですか。
上島医師　現時点ではそう思っております。

上島医師の証言によれば、Kさんが脳梗塞を発症した可能性が高いと思うようになった根拠はこの論文のほかにもあった。それは、Kさんを救急搬送した救急隊員があずみの里で救命処置をする際にKさんの声門付近にあることを確認したドーナツの残渣の大きさを、咽頭喉頭の構造を理解するための透明の模型を使って同隊員に再現してもらい、その様子を写真撮影した捜査報告書だった。検察側が証拠として提出したこの捜査報告書を示しながら「警察で調書を作っていたときに思っていたものと比べて、どのぐらい小さいですか」と尋ねる弁護人の質問に上島医師は、「びっくりするぐらい小さいです」と答えた。さらに、弁護人からこの大きさでのどに詰まると思うか聞かれ、「ないと思います」と述べた。この後、弁護人は、心停止後に心拍を再開したことと、脳梗塞による心停止であることとの整合性などについて上島医師に尋ねた。

弁護人　Kさんの低酸素脳症の原因を脳底動脈の梗塞と説明するとして、心停止した後に心拍が再開したことは説明はつきますか。
上島医師　それは十分説明がつきます。
弁護人　どんなふうに説明がつきますか。
上島医師　これは、つまり脳梗塞が原因でいきなり心肺停止をする機序についてはまだはっきりよく分かってないんですけど、心肺停止したとしても、その後、心臓には全く、そういうわけで問題がありませんので、一定の心肺蘇生処置で、その後、心拍が再開することは十分にあります。

弁護人　この脳底動脈の梗塞により、意識を喪失するという機序はどういうものになりますか。

上島医師　大きく2つあると思います。1つは、今申し上げた、結局、脳梗塞で突然心停止することがあるということなので、それで心停止をすると、直ちにそこで脳底動脈には血液がいかなくなるので、そこで意識を失います。もう1つは、脳底動脈に脳梗塞を起こすと、ちょうど脳幹部と言われるところですね。それと、先ほど申し上げた視床と言われる場所は上行性網様体賦活系と言われまして、そこは意識の中枢なんですね。そこの場所に血流がいかなくなると、意識を保てなくなって、意識消失します。その両方があり得ると思います。

弁護人　このそれぞれの場合についてお聞きします。脳底動脈の梗塞により上行性網様体賦活系に障害を生じて意識を消失する場合、脳梗塞から時間はどのぐらい掛かるでしょうか。

上島医師　これは脳底動脈に完全に閉塞させたとしたら、もう本当に数秒以内だと思います。

弁護人　では、脳底動脈の梗塞から即時に心停止して意識を失う場合、これは脳の梗塞から時間はどのぐらい掛かるでしょうか。

上島医師　これはもう心停止したら、もう直ちにだと思います。

この後、弁護人は高血圧など、Kさんの既往症と脳底動脈の梗塞を関連づけて説明することはできるかどうか尋ねた。それに対し上島医師は、Kさんが高血圧であったことや高齢であることに触れながら、心臓でできた血栓が脳に運ばれ、脳梗塞を発症するということが「機序としては十分考えられると思います」と述べた。

「調書すり替えられた可能性」

上島医師は尋問の中で、捜査段階で警察官から事情を聴かれ、自身が署名した調書には、低酸素脳症の原因として脳梗塞などの可能性があると話したことが記載されていたのに、検察側が公判で証拠請求し、証人として出廷する少し前に弁護人から見せられた調書にはその記載がなかったと証言した。それに関する検察官と上島医師のやり取りは以下のとおりである。

検察官　先生、警察の事情聴取を受けたことはありますかね。
上島医師　ありますね。
検察官　Kさんの死因に関して、食べ物を喉に詰めて呼吸が停止して心肺停止になった。それ以外の死因があるかどうか、それについて警察の人に説明したことはないですか。
上島医師　しました。
検察官　どういう説明をしましたか。
上島医師　低酸素脳症の原因で、食べてる途中で脳梗塞と、先ほど申し上げた心室細動などの原因で突然心停止をすることがあり得るということを申し上げました。

検察官　警察官に、じゃあ、脳梗塞と心室細動の説明をしたんですか。

上島医師　しました。

検察官　先生の供述調書には書かれてないんですけど、それはどうしてですか。

上島医師　私も、それ、びっくりしました。

検察官　でも、供述調書を作ってもらったときには、最後に内容を確認した上で、先生が名前を書いて印鑑を押されたんじゃないですか。

上島医師　押しました。

検察官　じゃあ、当時、心室細動と脳梗塞の記載がないことは分かったんじゃないですか。

上島医師　私が記載したときには、その記載はありました。

検察官　じゃあ、後から調書がすり替えられたということですか。

上島医師　うん、可能性があるんじゃないかと、正直思っております。

この上島医師の証言については、弁護側の尋問でも取り上げられた。

弁護人　先ほど、調書の話が出ました。調書の中で、窒息以外の脳梗塞とか心室細動についての話も警察官にしたということでしょうか。

上島医師　そうですね。

弁護人　それは調書にそのように、あなたが話したように書かれていることも確認しました。

上島医師　そうですね。なぜ覚えてるかというと、一度、調書を持ってこられたときに、その記載がなくて、その後、低酸素脳症の原因に脳梗塞とか心細動とか、そういったものがありますよということを、可能性が、ちょっとそれがないとサインができないというふうに言ったので、それでそれが記載されてたので、この内容ならサインしようということでサインをしたので、よく覚えてるんです。

弁護人　ところが、今は、あなたが記憶しているようなものが書いてない。

上島医師　つい先日見せていただいて、その調書を。ちょっとびっくりしたんですけど。

尋問の際に検察官が明らかにしたところによると、この調書の日付はYさんが書類送検される約一カ月前の二〇一四年四月二一日だった。調書は弁護側が「不同意」としたため、証拠として採用されることはなかった。

3章 医学的見解の対立

「心停止の原因は窒息」

上島医師の証言から五カ月後の第一五回公判（二〇一八年三月一二日）で、検察側の依頼でKさんの死因などに関する鑑定意見書を作成した根本学医師が検察側証人として証言した。

根本医師は埼玉医科大学教授で、埼玉県日高市にある同大国際医療センターの救命救急センター長である。救急医療が専門で、一般社団法人日本救急医学会のホームページに掲載されている救急科専門医名簿（二〇二三年一月一四日現在、全国に五八一四人）と指導医名簿（同じく全国に八五〇人）に名前がある。また、一般社団法人日本外傷学会のホームページに掲載されている外傷専門医名簿（二〇二二年四月一日現在、全国に二六八人）にも名前が載っている。

長野地検松本支部が根本医師に鑑定を依頼したのは、Yさんを業務上過失致死の罪で起訴してから一年五カ月後、初公判から一年一カ月後の二〇一六年五月だった。

証言によると、根本医師は鑑定意見書において、Kさんが心肺停止に陥った原因は窒息であり、窒息の部位や原因については「気管から喉頭のいずれかにおける部分で、おやつで配付されたドーナツを詰まらせたものと判断」した。証言に当たって読んだ追加の資料によってもその結論に変更はない、と述べた。

根本医師はなぜKさんの心肺停止の原因を窒息と判断したのか。Kさんが窒息したことを周囲に知らせるサインを出すこともなく意識を失ったことの解釈も含め、根本医師が語っているので、検察官とのやり取りを以下に引用する（死亡した女性利用者の実名はKさんとした）。

検察官　救急隊のかたもKさんの声門付近にドーナツの残渣を発見してるんですが、これは、Kさんの口腔から気管内までのいずれかの箇所でドーナツによる窒息が生じたことを裏付ける事実とは言えますか。

根本医師　事実になると思います。

検察官　それと、Kさんのあずみの里の看介護記録によると、Kさんの口からドーナツをかき出したところ、呼吸が再開した。そういうエピソードが書かれていましたね。

根本医師　はい、書かれていました。

検察官　このエピソードは、Kさんの心肺停止の原因が口腔から気管内までのいずれかの箇所によるドーナツによる窒息なんだということを裏付ける事実にはなりますか。

根本医師　窒息というのは、基本的には空気の通り道が何らかの原因で障害を受けて生じることになりますから、ドーナツが口の中から取られた。すなわち、空気の通り道の障害物が取り除かれたことによって呼吸が再開したというふうに考えるのが妥当だと感じております。

検察官　ドーナツによる窒息以外の原因で心肺停止に至った場合、ドーナツを除去しただけで呼吸が再開するということがあるんでしょうか。

根本医師　基本的にはないと思います。

検察官　それでは、Kさんがドーナツで窒息した原因、なぜドーナツで窒息をしたのか、そこは説明が付くんでしょうか。

根本医師　いただいた資料の中にですね、Kさんがアルツハイマー型の痴呆症（※筆者注＝認知症を指す）をお持ちになっていたとか、あるいは食べ物をかき込んでしまうような癖があるので食事には注意してほしいとか、そのような記載が幾つか散見されましたので、今回、ドーナツを口に入れてそしゃく中の事故というふうに判断をいたしました。

検察官　それでは、次に、あずみの里での異変時の状況を資料から検討していただいて、口腔から気管内までのいずれかの箇所でドーナツによる窒息が生じたことを否定する根拠となるような事実、これは資料の中に見当たりましたか。

根本医師　資料を拝読させていただいた限りにおいては、窒息以外に心肺停止に至るようなものを見いだすことはできませんでした。

検察官　ところで、Kさんに異変が発生したときに被告人がKさんの横にいたんですが、Kさんの異変には気付いていなかったようです。窒息の場合にいわゆる窒息サインというものが明確になかったとしても、窒息だということは否定されないんでしょうか。

根本医師　窒息サインが確認されれば、もうもちろんそれは窒息だというふうな判断には至りますけれども、全ての窒息症例において窒息サインが確認されるということはありません。

ここで根本医師は、鑑定意見書を作成するに当たって、自身が所属する埼玉医科大学国際医療センターの救命救急センターに搬送され、「窒息」と診断された八六症例について、後から振り返る形で検討した、と証言した。それに関する検察官とのやり取りは以下のとおりである。

検察官　その86症例の内容なんですけども、その86症例の内訳、どんなものだったんでしょうか。

根本医師　86症例中ですね、54例に周辺に人がいたということが判明しました。その54症例の中で窒息サインというものが明らかになったものは2症例でした。残り54例中のですね、18症例は情報がありませんでした。

検察官　その情報がなかった18症例なんですけども、情報がないというのは、どういうことを意味するんでしょうか。

根本医師　いわゆるその窒息サイン等がなかった。あるいは、あったとしてもそれに気が付かなかったというふうに解釈をしております。

根本医師が窒息サインのないケースが少なくないと証言する根拠として用いた、埼玉医科大学国際医療センターの救急搬送症例のデータについては、弁護側の証人として後日出廷した医師がその信用性に疑問を投げかける証言をすることになるが、それについては後述する。

「声門であれば窒息を起こす可能性」

根本医師がおやつに出されたドーナツがKさんの窒息の原因と判断した理由は何だったのか。それに関する検察官とのやり取りを以下に紹介する。

検察官　次に、一般論をお尋ねしますけども、一般論として、気道内のですね、つまり口腔から気管まで至る空気の通り道のいずれかの箇所で窒息を起こすには、どれぐらいの大きさの異物であれば窒息を引き起こす可能性があるんでしょうか。

根本医師　空気の通り道のところにある声門という場所がございますが、大体声門の太さがですね、成人で7ミリから10ミリ径となっておりますので、7ミリから10ミリ径を塞ぐだけの太さ、大きさがあれば、これは窒息を起こす可能性があると考えています。

検察官　実際、証人が救急医療に当たられてる臨床の現場に運ばれてきた患者さんの窒息の原因として、成人の場合、小さいものですとどんなもので窒息したというような例があるでしょうか。

根本医師　小さいものですと、ピーナツ大の肉片とか、あるいはしいたけなんかのそしゃくしたかけらとか、そういうようなものを経験しております。

検察官　それでは、また本件にちょっと戻ります。Kさんの口から出てきたドーナツの量なんですけども、鑑定書では、あずみの里の看介護記録や協立病院のカルテの聞き取り内容を基に指1本分と特定された上で結論を導かれていますけども、まず、指1本分の量のドーナツで窒息は起こり得るんでしょうか。

根本医師　先ほど申しましたように、声門部分であれば径が7ミリから10ミリ程度でございますので、指1本分の太さがあって、それが声門に引っ掛かった、あるいは声門をふせいで（原文ママ）しまったというようなことがあれば、窒息が起こっても矛盾しないと考えています。

ここで検察官はYさんや、Kさんの急変時にあずみの里の看護師長だった細川陽子さんが救命処置の際にKさんの口から取り出したドーナツの量を再現した写真（弁護側が証拠として提出した弁二一七号証添付）を示しながら根本医師に質問した。

検察官　じゃあ、まず、217号証添付の写真4を示します。次に、217号証添付の写真7を示します。今見ていただいた写真に写っていたドーナツ、この写真に写っていた量のドーナツで窒息を生じるということはあるんでしょうか。

根本医師　ドーナツの再現された破片の横に親指が写っておりましたので、あの親指の太さと再現されたドーナツの塊を比較しますと、これらが声門に引っ掛かった場合、完全に窒息を引き起こす可能性はあると考えます。

検察官　弁護側の方からは、この量のドーナツでは、口腔、咽頭、喉頭、気管のいずれの部位においてもこれを塞栓するに足りないという主張がされているんですけども、このような主張は成り立つんでしょうか。

根本医師　口腔内全てを食べ物あるいはその他のものでふせぐとなれば、量的にはこれは少ないと考えますけれども、先ほど来申し上げている声門部分ですね、これは径が7ミリから10ミリ程度ですから、この部分をふせぐということは、再現されたドーナツ片でも十分可能だと判断をします。

検察官は、Kさんの異変に気づいたYさんが窒息を疑ってとっさにKさんの背中をたたいて異物を出そうとしたことに触れながら、Yさんのような対応によって「口腔から気管内までのいずれかの箇所を塞栓していたドーナツが口腔内に戻るということはあるんでしょうか」と質問した。これに対し根本医師は「はい」と答えた。検察官が重ねて、「Kさんが意識の消失によって舌根沈下していた場合も同様でしょうか」と尋ねると、根本医師は次のように答えた。

「舌根沈下をしていてもですね、ある程度口腔内、要するに声門を閉塞していた異物が声門から外れて口腔内に落ちるということは、可能だと判断してます」

「脳血管障害による呼吸停止は考えにくい」

この後、検察官は、根本医師が窒息以外に心肺停止の原因となり得るとして発症の可能性を検討したさまざまな病気について順番に尋ねていった。

根本医師は、心筋梗塞や致死性不整脈といった心臓の病気については、Kさんが病院に運ばれた後の心電図の波形などを根拠に否定的な見解を示した。肺動脈血栓塞栓症については急変後に心拍を再開したKさんの血圧や心拍数などを根拠に否定し、大動脈解離や大動脈瘤破裂については救急搬送後に撮られた胸部X線写真を根拠に「疑う所見は見られなかった」と証言した。根本医師に先立って証人として出廷した上島医師が「心停止の原因の可能性が高い」と証言した脳梗塞について、根本医師は可能性を否定した。以下は尋問調書に残る、法廷での検察官と根本医師のやり取りである。

検察官　証人には、Kさんの協立病院のカルテに添付されたKさんの死亡確認後に撮影された頭部CT画像や、CT検査報告書も見ていただきましたね。

根本医師　はい。確認しました。

検察官　このKさんの死亡確認後のCTの画像上、Kさんが急に意識障害を起こすような脳血管障害と見られる所見は見当たりましたか。

根本医師　これは、確認できませんでした。

検察官　Ｋさんの協立病院のＣＴ検査報告書では、原因よりは結果と思われますが、一応、脳底動脈の梗塞であればこのような梗塞もあり得ますとの記載があるんですけども、Ｋさんが急に心肺停止に陥るような脳梗塞の所見がＫさんのＣＴの画像上否定できないんでしょうか。

根本医師　これは、書いてあるとおり、原因というよりは結果というふうに記載されています。呼吸停止を起こされてからお亡くなりになるまで36日間という経過がございますし、当初、しっかりしていた自発呼吸がだんだんだんだん弱くなってきて、その後、人工呼吸に完全に依存するというような状況になってるところを考えますと、この読影をされた先生の原因よりは結果ということで脳底動脈に小さな梗塞像が見られるというような記載があっても、これはおかしくないと思います。

検察官　その脳底動脈にある小さな梗塞像によって、Ｋさんが意識障害を起こして亡くなるような原因になるんでしょうか。

根本医師　いや、基本的に脳底動脈詰まってしまいますと、もうこれは致命的ですし、その後、自発呼吸が再開して長らく生存されるというようなこともないと考えます。

検察官　Ｋさんが脳血管障害によって意識障害を起こし、舌根沈下により気道閉塞が生じた結果、呼吸状態が悪化して心肺停止状態に陥ったということは否定されるんでしょうか。

根本医師　今回の流れを見ますと、脳血管障害がＫさんの呼吸停止につながったとは考えにくいです。

窒息の原因や症状を問い質した弁護人

Kさんが心肺停止になったのは窒息ではなく、心臓か脳の病気による可能性が高いと主張する弁護側は、検察官の尋問が終わった後の反対尋問で、ドーナツがKさんの声門を塞いで窒息を引き起こしたとする根本医師の見解について詳しく問い質した。

弁護人　次に窒息について聞きますが、先ほども聞きましたが、気道の異物による窒息の場合というのは、異物によって気道が密閉されて、空気が全く通らないので換気障害が起きるということでよろしいですね。

根本医師　全く通らないこともつながりますし、ほんの少し開通していても、それが呼吸を維持していく上で必要な、あるいは心臓の動きを維持していくのに必要な十分な酸素が通らなければ、不完全閉塞でも窒息は生じると考えてます。

弁護人　どの程度の隙間があれば不完全閉塞にならずに呼吸は維持されるということは御存じですか。

根本医師　我々が経験したのは、気道の少なくとも半分ぐらいは開通していないと、非常に具合が悪いというふうに判断してますけど。

（中略）

弁護人　窒息のみによって意識を失うメカニズム、機序について聞きますが、それは、窒息によって換気障害が起きて、酸素の摂取ができなくなって、そうすると、脳幹の意識中枢に機能障害が起きて意識を失うということでよろしいですか。

根本医師　酸素並びに高炭酸ガス血症で意識消失ですね、はい。

弁護人　それは、意識消失というのは、脳幹の意識中枢が障害を受けるからですね。

根本医師　大脳機能がまず最初に障害されますね。その後、引き続き脳幹機能の障害ということが起こってきますね。

弁護人　窒息で呼吸停止する場合というのは、やはり低酸素状況から脳幹の呼吸中枢に機能障害が起きて、呼吸運動ができなくなり呼吸が停止するということでよろしいですね。

根本医師　そうですね。放置しておくと、そのとおりですね。

弁護人　窒息だけで心停止する場合というのは、その低酸素状態のまま血中の酸素濃度が低下して、心筋が活動できなくなることで壊死して停止するという形でよろしいですか。

根本医師　そうですね。冠動脈に十分な酸素化された血液が流れなくなりますから、恐らく通常の心拍数が70ぐらいからまず一旦は頻脈になって、その後、徐々に徐脈に移行して、止まる直前には心室細動に至る可能性が非常に高いと考えます。

弁護人　その窒息によって心停止するまで、時間というのは大体どのくらいだと証人はお考えですか。

根本医師　人によって様々でしょうね。海上自衛隊の人たちなんか5分間は息止めて全然問題ないという人もいますし、高齢者のかただったら、もう30秒も息止めたらもうふうっとなって倒れてしまうというかたもおられますから、これは人それぞれだというふうに思います。

弁護人　法医学の文献では、呼吸停止から心停止まで5分くらいから11分くらい掛かるとされているのは御存じでしょうか。

根本医師　それぐらいは掛かる可能性はありますね、完全に呼吸停止してから心臓が止まるまでというのは。ですから、窒息症例というのは、逆にきちんと初期対応さえすれば、自己心拍が再開して社会復帰率も高いと言われてるのは、その部分だと思います。

弁護側はこの後、たとえ早食いであってもそれが飲み込めていれば窒息に至らない、という証言を根本医師から引き出した。その後、Kさんが意識を失った当日、現場となった食堂にいた介護職員の法廷証言を引用しながら、Kさんが食べたおやつで窒息が起きる可能性について根本医師に質問を重ねた（尋問調書にある介護職員の実名は「男性介護職員」とした）。

弁護人　Kさんがドーナツを食べながらコップ1杯の牛乳を飲んで、少ししか残っていなかったと男性介護職員が証言してるのは御存じですか。

根本医師　それは、鑑定を書く際にはなかったと記憶してますが。

弁護人　先生は、Kさんが牛乳飲みながらドーナツを食べた場合、ドーナツは口の中でどのようになると想定していますか。

根本医師　泥状から粘土状になるというふうに思います。それは、自分がドーナツをたべたりですね、あるいはバウムクーヘンを食べたりしたときという経験上です。
弁護人　食事を飲み込むときに、舌で喉の方に送り込みますね。
根本医師　はい。
弁護人　それは、食物を押し潰すような形で送り込むということですね。
根本医師　ええ。
弁護人　そうすると、Kさんが牛乳を飲みながらドーナツを食べ、咽頭に送り込むときというのは、さっき先生がおっしゃったように泥状になるということですね。
根本医師　泥状あるいは粘土状になるでしょうね。ドーナツに牛乳が混じるわけですからね。
弁護人　そういう泥状になったドーナツというのは、声帯にあるときにそのまま気管の方に流れ落ちてしまうんじゃないですか。
根本医師　気管の中に流れ落ちることもあるだろうし、べったりと張り付くことだってあるというふうに思います。
弁護人　そういうどろどろした状態でも、隙間なく密閉状態とかあるいは密閉状態に近いのが心停止または呼吸停止まで続いたということですね。
根本医師　その可能性を完全に否定することはできないでしょうと。
弁護人　そうすると、窒息の可能性を完全に否定することができないから、やはりこれは窒息だという先生のお考えですね。

根本医師　これ、状況的にですね、Kさんはドーナツを食べるまでは普通に生活をされていた。そして、今回、ドーナツを食べていた最中に意識状態が悪くなった。そして、職員のかたがその異変に気付き、AHA（※筆者注＝アメリカ心臓協会）が推奨している窒息への即時対応をされた結果、口腔内から指先1本分ぐらいのドーナツが取れた。このような状況から鑑みて、今回、Kさんが呼吸心停止に至った可能性として、窒息が最も考えられるというふうに判断をしたまでです。

この後、弁護側は、Kさんの救命処置に当たった当時の看護師長の細川陽子さんやYさん、Kさんの異変に最初に気づいた女性介護職員の法廷での証言から、Kさんが意識を消失していない状態から意識消失が発見されて心停止が確認されるまでの時間は一分三〇秒ほどであり、通常だと五分〜一〇分とされる窒息から心停止までの時間と比べ短いのではないか、と尋ねた。それに対し、根本医師は「もしそれが事実であったとしたら、ちょっと短いかなという気はいたします」と述べた。

前述したように、Kさんの治療に当たった松本協立病院の上島邦彦医師は海外の論文を読んだことをきっかけにKさんは脳梗塞であった可能性が高いと考えるようになったと証言した。弁護側はその証言に触れながら、根本医師の見解を尋ねた。

弁護人　上島医師は、脳梗塞による心停止が突然起きるというふうに証言していまして、その話によれば、今回突然に近い状態でKさんの心停止が起きたことがより自然に説明できると思うんですが、いかがでしょうか。

根本医師　全く自然には説明できないと思います。上島医師は脳梗塞で心停止が起こると証言されてるのは、それは非常にレアなケースの論文を読まれたから言われてるものだというふうに思います。一般的な臨床医からして、そのような非常にレアなケースの論文を読まない限り、脳梗塞から突然心停止に至るというようなことは余り考えません。

弁護人　レアであることは、そのとおりかもしれませんが、そういうことがあったということは間違いないですよね。

根本医師　そういうことがあったというよりも、起こる可能性は否定できないということです。

弁護人　Kさんが、脳梗塞から心停止を起こしたということが可能性を否定できないということですね。

根本医師　しかしながら、もしそのような突然心停止に至るような部分の脳梗塞があったとすれば、死後に取られたCTでその証拠が残っていてもおかしくないと考えます。

弁護人　中脳や視床下部に脳梗塞があったという画像は、先生御覧になってますね。

根本医師　非常に、読影された先生、原因というよりは結果というふうには書かれていますけれども、それは確認をさせていただきました。

弁護人　そこで原因というより結果というのは、原因であることと結果であることを比較して、よりは結果である可能性の方が高いということをおっしゃってるんですよね。

根本医師　そういうことでしょうね、読影した先生は。

弁護人　そうすると、原因だったという可能性もその先生は否定しないわけですね。
根本医師　言葉上は否定してないでしょうけれども、これが原因になったというふうには断定をするのが非常に難しいから、放射線科医として事実をそのまま記載されたんだと思います。すなわちそこに梗塞所見があった。これに関しては、原因、すなわちKさんの呼吸停止、心停止の原因と捉えるよりは、経過中に生じた結果だろうというふうにコメントをされたんだと思います。
弁護人　それは、可能性の比較ということなんですね。
根本医師　そうだと思いますよ。

窒息の原因となる異物の特徴

根本医師の証言から約三カ月後に第一八回公判（二〇一八年六月二五日）が開かれ、弁護側の依頼で鑑定書を作成した福村直毅医師が証言した。

福村医師は、摂食嚥下障害のリハビリテーションを専門とする医師で、長野県飯田市の健和会病院に勤務している。摂食嚥下障害は、食べ物を口から取り込んで胃に送り込むまでの一連の動きのどこかに問題があって、食べ物をうまく食べることができない障害のことである。福村医師は、Yさんの弁護側の依頼で二つの鑑定書を作成した。一つは、Yさんの公判が始まってから約一〇カ月後の二〇一六年二月一五日付で、もう一つは、自身が証言する約一カ月前の二〇一八年五月二四日付のものである。後者は第一五回公判（二〇一八年三月一二日）における根本医師の証言を踏まえた内容になっている。

福村医師は山形大学医学部の出身で、卒後、同大学脳神経外科での研修や複数の病院でのリハビリテーション専門研修を受けた。山形県内のリハビリテーション病院の勤務を経て、Yさんの刑事裁判が始まった二〇一五年に健和会病院の総合リハビリテーションセンター長に就任した。証言した当時、年間約一五〇〇人の摂食嚥下障害患者の診察を行っていた。

福村医師は経歴や専門分野に関する質問に答えた後、「Kさんにドーナツによる窒息が生じたか」という弁護人の問いに対し、「窒息は生じ得ないと結論しました」と証言した。その結論に至った理由について福村医師は、動画も含めて計一〇二枚のスライドを使いながら説明した。

まず窒息の定義や、食べ物が気管内に流入（誤嚥）しないよう食道に押し出す嚥下の仕組みなどについて説明した福村医師は、摂食嚥下障害の原因や診断について次のように証言した。

嚥下障害とは、口腔内の水分、食塊を下咽頭、食道を経て胃へ送り込む一連の嚥下運動の障害を言います。嚥下動作の準備や知覚及び運動神経の働きの障害も含めて、摂食嚥下障害と言います。摂食嚥下障害の症状や原因はさまざまになります。嚥下障害のうち、客観的な機能障害については、造影検査や内視鏡検査、あるいは生理機能検査などで障害の有無や程度を客観的に評価します。いずれにせよ、嚥下障害は経験を積んだ咽喉の専門医師が評価すべきものです。

この後、弁護人はKさんに窒息の原因となる摂食嚥下障害があったか否か尋ねた。その質問に対し、福村医師は「誤嚥や食物による窒息の原因となる摂食嚥下障害があったと認め得る根拠はない」との判断を示し、その理由を以下のように述べた（死亡した女性利用者の実名はKさんとした。スライド記載内容を誤って述べたことが弁護人の指摘で判明した部分は訂正した証言に従って修正した）。

口の中に食物を詰め込んでしまう特癖というのは、気道における窒息とは関係がありません。口の中に食物を詰め込んでも、鼻腔が通じていれば窒息は生じません。口の中に食物を詰め込んだとしても、その全量を1度に嚥下しようとすることは、嚥下障害がなければ生じません。摂食嚥下障害のない方は、口の中の食物を咽頭を通過して嚥下し得る量の食塊に分けて、順に咽頭に送るからです。嚥下できない量の食塊を咽頭に送ってしまうこと、あるいは咽頭に送られた食塊を嚥下できず、咽頭に食塊がとどまってしまうことというのは、摂食嚥下障害の一つではありますが、そのような症状があれば、日常の食事中にむせ、誤嚥、呼吸困難などの症状が表れていたと考えます。Kさんにはこのような摂食嚥下障害があると診断されたことはありませんし、そのような障害を原因とする症状も見られていませんでした。（中略）Kさんには、適量の食塊に分けられない場合には飲み込もうとせずに、口腔内にとどめ置くという正常な機能が観察されております。Kさんは、過去に口にためてしまって食べられなくなったことがある。これは、咽頭に送り込めないままに口にためる状態と解釈されます。つまり、送り込みに必要なだけ咀嚼できないうちには、次々と口腔内に食物を投入してしまっても、口腔内知覚によって咽頭への送り込みが規制されていたと考えます。送り込むことなく口にためているということになります。同様に、破断されないドーナツは表面的な硬さがあるため、咽頭への送り込みが規制され、むしろ口腔内にとどめるものと考えられます。実際、大きなドーナツの塊は口腔内から発見されています。Kさんは、嚥下にふさわしい状態になっていないドーナツを咽頭に送り込む可能性は、極めて低いと考えます。咀嚼していないドーナツを咽頭に送り込んでしまう可能性はないと思います。

この後、弁護人は窒息の原因となり得る異物の特徴や、Kさんがおやつに食べたドーナツの物性、日本の窒息診断などについて教えてほしい、と福村医師に問いかけた。

福村医師は窒息の原因となる異物の必要条件として以下の三つを挙げた。

一．気道のある断面を充満させる量あるいは大きさ
二．気道断面の起伏に沿って変形する能力、または気道断面を覆ってしまうような形
三．口腔、咽頭、喉頭の運動のストレスを受けても閉塞を維持するだけの性質

これらの条件を満たす代表例として福村医師が挙げたのは餅だった。餅はかみ切りにくく、大きな塊のまま咽頭に流入する可能性がある点で一の条件を満たし、やわらかく、ある程度変形しやすいため、咽頭にとどまると咽頭内腔を充満するようにぴったりと変形し得るということで二の条件

を満たす。さらに、温かい餅は付着性があり、大きな塊になると咽頭の粘膜に張り付いてとどまりやすくなることがある。温度が変化してくると硬さが増し、気道の複雑な形に沿ったままで変形しにくくなると、せきなどで排出されにくくなる。こうした性質から三の条件を満たすという。

そのうえで福村医師は、Kさんが食べたドーナツは「窒息を生じさせ得る異物とは言いがたい」と述べた。その理由として、(一) 前記一の条件 (気道の断面を充満させる量、大きさ) は喉頭や声門、気管であれば満たすが、咽頭や口腔では不可能である、(二) 前記二の条件 (変形する能力) については、ドーナツは一塊のままではほぼ変形せず、非常に崩れやすく、一度崩れた破片は唾液などの水分があってもまとまりにくいので、気道断面の起伏に沿い、すき間なく閉塞するようには変形しない、(三) ドーナツは付着性、粘着性、弾性が低いため、むせやせき込みなど異物を排除することができる運動によって簡単に崩れて移動してしまう、ことを挙げた。Kさんにむせやせき込みができないほどの体力の低下が見られないことも指摘した。

窒息診断の背景にある誤解

この後、福村医師は世界保健機関 (WHO) が公表しているデータベースから二〇一六年のデータを抽出して作った「窒息死亡数の国際比較」と題するグラフを示しながら説明した。それは各国の最新報告に基づき、「食物による窒息死」の総件数に占める各国の割合を円グラフにしたもので、日本が全世界の三三%を占めている実態を示していた。福村医師は「人口では2%にすぎない日本が、全世界の33%の窒息死を占めているという異常事態が分かります」と述べた。
続いて福村医師は、経済協力開発機構（OECD）加盟二七カ国の「気道閉塞を生じた食物の誤嚥による死亡率」のグラフを示した。これは、人口一〇万人当たり、気道閉塞を生じた食物誤嚥で何人死亡しているかを示した棒グラフだった。日本の死亡率は三・七人で、フランスに次いで二位だった。このデータについて福村医師は次のような解釈を示した。

日本が食生活で近いアメリカは0・3程度、人種的に近いと思われる韓国は0・6程度と、日本に比べるとかなり低い数値になっております。（中略）日本の場合、ヨーロッパに比べると米飯食が多く、米飯よりもパンのほうが窒息しやすいと報告があるにもかかわらず、食物誤嚥による窒息死亡率を比べると、日本はアメリカの約10倍と、主食の窒息のしやすさに比べて逆転しています。そして、韓国の約5倍です。日本だけが抜きん出て食物誤嚥による窒息が多い理由が、食生活の要因や人種的な要因が主体とは考えにくいと思います。大きな要因として考えられるのは、食物誤嚥による窒息に診断基準がなく、現場の医師の主観に委ねられていることではないかと思います。

福村医師は、ある状態を窒息だと診断しやすい背景にある「誤解」について自身の考えを述べた。最初は「のどに食物が詰まった」という状態と「窒息」との違いについてである。

喉に詰まるという表現がありますが、これと窒息の区別が必要だと考えています。多めの食塊を飲み込もうとして、飲み込みづらかった場合に、喉に詰まったという表現が用いられることがありますが、窒息が生じたこととは厳密に区別しなければなりません。異物による窒息とは、気道のいずれかの場所において、異物によりすき間なく閉塞されたときにのみ生じると考えます。食物が食道に滞留したとき、食道部分に苦しさを感じ、水などで流し込もうとすることがありますが、これは気道で生じている閉塞ではありませんので、窒息とは関係がありません。また、咽頭に食物があって、嚥下しにくい状態であったとしても、気道が閉塞されていなければ窒息ではありません。

次に、「むせ」と「窒息」の区別の必要性について述べた。

食物を誤嚥して、むせがあったときに、窒息したという表現が用いられることがあります。しかしながら、窒息の有無とは厳密に区別されねばなりません。むせは異物を誤嚥、気管に入ってしまった、そういったときに起きる反射運動です。ごくわずかの量の食物や水分の誤嚥でも、むせは生じます。また、むせているというときは、（中略）空気が通っていますので、窒息はしていない状態になります。激しく咳込んだとしても、呼吸はできているので、それは窒息したのではありません。このように現場では、慣用表現としてのむせ、窒息と、医学表現としてのむせ、窒息が混同されています。

窒息時に見られる行動

この後、福村医師は鼻腔、口腔から肺胞に至る、気道を構成する各部位の特徴や、窒息するための条件について説明し、Ｋさんについてはいずれの場所においてもドーナツによる窒息が生じたことはあり得ないと証言した。そうした結論に至った理由について弁護人から質問された福村医師は、「Ｋさんが窒息時に見られる行動を全く取っていないということが、これは臨床医としてはあり得ないと考える一番の根拠になってもおかしくないと思います」と答えた。

「窒息時に見られる行動」の一つとして挙げたのは、むせやせき込みである。福村医師は、埼玉医科大学国際医療センターの根本学医師の証言に言及しながら次のように述べた。

食物が喉頭内、声門付近に入ると、喉頭や声門が閉じて、食物の気管への侵入を防ぎ、咳嗽反射によって本人の意思にかかわらず激しく咳込みます。根本証人は、ドーナツが声門に陥入したと言いますので、もしそうなのであれば、嚥下能力に問題がなく、むせができていたという証言もありますので、こういったＫさんがむせる運動をしなかったとは考えにくい。しかし、むせや咳込みは全くなかったということなので、声門付近にドーナツは進入していない証拠になります。

「窒息時に見られる行動」として挙げた、もう一つの行動が窒息サインである。福村医師は次のように述べた。

窒息サインとは、窒息が生じたことを他人に知らせるため、自分の喉を親指と人差し指でつまむこと、窒息した者に一般的に見られる行動とされています。Kさんはそのような行動を取っておりません。窒息サインは認められていませんでした。（中略）そのほかにも、むせたり、もがいたり、声を出そうとしたり、隣に座ったYさんを叩いて知らせたりなどといった危機を脱するための反射的な、あるいは意図的な動作が全くなかったと考えられます。（中略）窒息であれば、意識があって動ける時間が普通、1分以上あり、Kさんは歩けるし、絵も描ける能力があるのですから、手で隣のYさんに知らせたり、もがいたりすることで音を出して、周りの人が気がつくということは容易に考えられるところです。周囲の者に何も知らせないまま意識を失っていて、窒息を原因とする意識消失とは矛盾しています。異常を周囲に知らせる機会がなく、意識消失に至っていると考えるのが自然です。

窒息サインについては、埼玉医科大学国際医療センターの根本医師が同センターの救命救急センターに搬送され、「窒息」と診断された八六症例（以下、「根本医師の八六症例」と言う）を調べたところ、周囲に人がいたことが判明した五四例のうち窒息サインが明らかになったのは二例だったと証言した。この根本医師の証言について福村医師は「学術報告として致命的な欠陥が複数存在していて、信じる根拠は限りなく乏しい」と批判した。福村医師がその根拠として挙げたのは、次の点である。

一．周囲に人がいた五四症例のうち、（一）意識消失まで患者の変化に気がつかなかった、（二）チアノーゼ出現まで患者の変化に気がつかなかった、（三）窒息に関する情報がない、が計一八症例あったとのことだが、「チアノーゼ出現まで患者の変化に気がつかなかった」はチアノーゼの出現が分かっていたのだから、窒息が周囲にまったく判明しなかったという事例には当たらない。「窒息に関する情報がない」は、情報がありながらカルテなどに記載されていなかった場合が含まれている可能性があるので、窒息が周囲にまったく判明しなかったという事例には当たらない。

二．上記一八症例のうち、（二）と（三）の症例数が分からない。

三．根本医師は救急隊の記録、搬送された病院での診療録をもとに調査したとしているが、それらの記録は窒息時に近くにいた者が窒息サインなどの有無を意識して、窒息の状況を記録していたものではなく、その上、救急隊員による伝聞である。

四．根本医師が検討した各症例の患者の嚥下障害、身体障害、認知症の程度、近くにいた者の状況や距離、窒息が生じたと判断した経緯及び根拠がすべて不明になっている。

五．根本医師が窒息として扱った症例に窒息以外のものが混在している可能性について吟味されていない。

さらに福村医師は「根本医師の八六症例」には臨床研究として以下の三つの学術的欠陥があると指摘した。

一．デザインの欠陥

「窒息」や「窒息サイン」の定義がなく、初めから窒息と考えた人たちを集めていて、追試ができない状況になっている。

二．データ取得の欠陥

「窒息サインがないこと」を証明するためには、患者の全過程について漏れなく観察し、すべて記録しなければならないが、実際に情報収集されたカルテはこのような目的のために作られたものではなく、欠損値が多数含まれていると考えられる。

三．論理の欠陥

「窒息サインがない症例を我々は窒息と判断した」を「一般に窒息とは窒息サインがない症例だ」と誤認している。

背部叩打法の限界

検察側証人として出廷した根本医師は第一五回公判で、背部叩打法により、「口腔から気管内までのいずれかの箇所を塞栓していたドーナツが口腔内に戻ることはあるのか」と検察官に問われ、

「はい」と答えた。これに対し福村医師は、弁護人の質問に以下のように答えて、根本医師とは反対に、背部叩打法によってドーナッツ片が口の中に戻る可能性を否定した。

胸腔は肋骨で覆われていて、背部を叩いてもわずかに変形させるにとどまり、横隔膜を押し上げるハイムリッヒ法などに比べて、排気される空気量は少なく、胸腔内圧の変化も少ないと考えられています。口腔内から発見されたドーナッツは、前述のように声門を完全に閉塞せず、すき間から空気が漏れてしまうので、ドーナッツを声門から口腔内に排出させるほどには気管の内圧は高まりません。これは、空気鉄砲と同じ原理で、すき間のある弾というのは力が伝わらないのですね。咳が異物を排出する空気圧を持つのは、咳の直前に1度声門が閉じ、気管内の空気圧が高まるからです。（中略）YさんはKさんを左腕に抱きかかえて、Kさんの背部を叩いたが、このときのKさんの姿勢は椅子に座ったままの状態であり、頭部を低くした事実はなく、高い位置に保たれていたのですから、異物を空気圧で除くには重力に逆らって口腔内まで持ち上げるほどの空気圧と空気量が必要です。しかし、それほどの高い空気圧が生じることは、前述のとおり、すき間が空いていて空気が漏れることなどから、あり得ません。仮にすき間がなかったとしても、背部を強く叩いた程度では空気圧と空気量が足りず、声門から口腔へやわらかいドーナッツ片を移動させることはできません。さらに、もしドーナッツ片が声門を閉塞していて、ドーナッツ片が空気圧により声門から上部に大きく飛び出したと仮定しても、前記Kさんの姿勢では、ドーナッツ片は上咽頭（※筆者注＝気道の一部で、鼻の奥に位置する）や鼻咽腔（原文ママ。※筆者注＝「鼻腔」の誤記と思われる）の方向へ向かうことになります。あるいは、口蓋垂（こうがいすい。※筆者注＝口の奥の垂れ下がっている乳頭状の突起）にぶつかってしまって、口腔内へは出ていきません。また、意識消失時は軟口蓋、上顎ですね、が口腔を覆っていて、ドーナツ片が軟口蓋と舌のごく狭いすき間を通り抜けて排出される可能性はありません。（中略）異常がない状態から30秒程度のうちに発見され、背部を叩いたのであれば、呼吸中枢が低酸素状態により障害を受ける前ですから、その時点で背部叩打法により塞栓物質が除かれて、窒息状態が解除されたならば、自発呼吸が再開するはずです。しかしながら、Yさんが食堂においてKさんの背部を叩いた時点では、Kさんの自発呼吸は再開しませんでした。居室において、細川看護師長や救急隊員によってKさんの呼吸停止は確認されています。Kさんの呼吸は、異変発生からおよそ4時間以上が経過した午後7時40分頃になって、弱い自発呼吸が時折見られるようになったにすぎないんです。口腔内のドーナツ片は、背部叩打法による声門から移動したものではなく、単にKさんが意識を失ったときに口腔内にあったものと考えるほかありません。

脳底動脈先端部症候群の可能性を指摘

Kさんの窒息の可能性を否定した福村医師は、Kさんが心肺停止に陥った原因について、「脳梗塞あるいは致死性不整脈、または心筋梗塞などの急性心疾患により生じたものと考えるのが適当と言えます」と証言し、特に脳梗塞について詳しくその理由を述べた。

福村医師はまず、Kさんの既往症である心臓の病気（左心室肥大と心臓肥大）によって血栓ができやすくなるので、脳梗塞の危険因子になり得ると指摘した後、Kさんの死後に松本協立病院で撮られた頭部CT写真をスライドで示しながら、説明していった。示されたのは、画面上の上を顔の側、下を後頭部の側にして、水平に切られたCT写真である。

福村医師はその写真の真ん中あたりに蝶が羽を広げたように左右対称で黒くなっている部分を指しながら、「脳底動脈の閉塞症、特に脳底動脈先端部症候群と言われる脳梗塞のパターンになります」と述べた。脳底動脈は脳幹や小脳、後頭葉に血液を運ぶ動脈である。その動脈が左右二本に分かれて後頭葉に向かう分かれ目を脳底動脈先端部と言う。脳底動脈先端部から分かれた細い血管が詰まり、その血管が血液を運んでいるところが脳梗塞になるものを脳底動脈先端部症候群もしくは脳底動脈先端症候群と言っている。

福村医師はこの脳梗塞について、目の麻痺や意識障害、記憶障害などを伴い、予後不良で死亡率が四〇％である、と説明した。そして、心臓などでできた血栓がはがれて移動し、脳の動脈を詰まらせることで起こる脳梗塞（＝脳塞栓症）の場合、時に血栓が自然に溶解して崩れ、閉塞部分の血流が再開通するが、細い血管を詰まらせることがあると述べた。

そのうえで、こうした脳梗塞からどのように意識消失、呼吸停止、心拍停止に至った可能性があるか、Kさんのように発症時に呼吸中枢が抑制され、かつ弱い自発呼吸が再開する場合の経過としてどのような推定が可能であるかについて、おおむね次のように説明した。

一．脳底動脈が血栓により一時的に詰まった。
二．意識中枢の機能障害により、意識を消失した。
三．呼吸中枢の機能障害により、呼吸停止した。呼吸停止により低酸素状態になり、その後心拍も停止した。
四．血栓が崩れて流れていって、その先のより細い血管を詰まらせ、脳底動脈先端部症候群となり、中脳・両側視床の脳梗塞となった。
五．延髄については、血流が再開し、その部分には脳梗塞は生じなかった。

根本医師は、福村医師の証言に先立ってYさんの公判に検察側の証人として出廷した際、福村医師が鑑定書で前記のような経過推定を述べていることに関連して検察官からの質問に次のように答えていた。

検察官　福村医師は、Kさんが脳梗塞によって心肺停止した可能性として、脳底動脈が血栓により梗塞し心肺停止となったものの、血栓がその後崩れて塞栓がなくなったことによって自発呼吸が再開したと、こういう意見を述べられてますね。

根本医師　はい。

検察官　このような機序なんですけど、これは実際の臨床の場でもあり得るものなんでしょうか。

根本医師　恐らく一過性の虚血発作が呼吸停止の原因だというふうに考えられたと思うんですけれども、このように突然呼吸が停止するような状況下において、血栓が都合よくすぐに溶けて流れて血流が再開するという考えに至るのは、相当な無理があるというふうに判断をしております。

福村医師はこの根本氏の証言について、「明らかに誤認」と述べた。その根拠として、二つの報告を挙げた。一つは、四一例中一八例（四四％）に再開通がみられた、もう一つは一三九例中二三例（一六・五％）に再開通がみられたという報告だった。これらのデータと、脳塞栓症がすべての脳梗塞の約三〇％を占めていることを基に、福村医師はすべての脳梗塞の「5から13％程度」が再開通する脳塞栓症と推定したうえで、次のように述べた。

「日本の年間脳梗塞発症率、発症者数は20万人程度おりますので、日本全体で言うと、年間1万人から2万5000人程度が再開通する脳塞栓症と推定されます。食物誤嚥による窒息の件数は、死亡者が年間約5000人、搬送された患者の半数以上が亡くなっているとする報告が多いことから、窒息件数は多く見積もっても年間1万人程度と考えられます。そうしますと、食物誤嚥による窒息件数が約1万に対し、再開通する脳塞栓症というのは年間1万から2万5000人と推定され、こちらのほうの数のほうがむしろ多いと。そうしますと、脳塞栓症からの再開通がまれだと言ってしまうと、窒息自体がまれだと言っているのと同等になってしまうのではないかと思います」

Kさんは窒息であったとする根本医師の鑑定意見を否定した福村医師に対し、根本医師に鑑定を依頼した検察側は同医師の見解を基に反対尋問でいくつかの疑問を投げかけた。血栓でいったん詰まった脳の動脈の再開通があり得るかをめぐる検察官と福村医師のやり取りを尋問調書から以下に引用してみよう。

検察官　脳底動脈塞栓症により呼吸中枢が損傷した場合、脳の損傷は不可逆的で回復しないものですから、仮に脳底動脈が再開通しても、呼吸中枢が回復して呼吸が再開すること、そういうのは通常、考えられないのではないですか。

福村医師　それは誤解ですね。脳細胞が壊れるのには時間が必要です。脳細胞にはエネルギーを蓄える機能はないので、血流が止まった瞬間に機能は停止します。ところが、その後、脳細胞自体が壊れてしまうのには時間が必要なんですね。完全に壊れてしまうのに必要な時間というのは、その方の血流の状態によっても違いますけれども、完全阻血を30分程度すれば、まず確実に脳梗塞になると考えられていますが、それ以前に再開通した場合には、部分的な脳梗塞であったり、あるいは一過性脳虚血発作と言われるような一時的なダメージで、次第次第に回復してくるということもあります。

検察官　今、脳梗塞が30分という話ありましたけども、脳梗塞状態と言えば脳底動脈塞栓症の状態が30分続いた場合には呼吸中枢が損傷されると、それは理解として正しいですか。

福村医師　間違っています。脳の機能自体は、血流が止まった瞬間に失われる、失われると言ったら変ですね。脳の機能は血流が止まった瞬間に働かなくなります。そのことと、働いていた細胞自体が壊れてしまうこととの間にはギャップがあるんですね。なので、血流が止まった瞬間に機能は失われますが、それが不可逆的な状態になるまでにはまだ時間が必要だというふうに考えていただければ。

検察官　その時間が30分ということじゃないんですか。

福村医師　その時間が30分なのか、それとももっと短いのかっていうのはよく分かりません。それは、その方その方の違いなんですが、一般的には健常な脳血流の方でも、30分間完全阻血にすると脳梗塞を生じるということは報告されています。

検察官　今、30分生じれば脳梗塞が生じるということで、脳梗塞という単語に入れ替わりましたが、呼吸中枢が障害される時間は幾つなんですか。

福村医師　脳梗塞というのは、脳の血流障害によって脳細胞が死んでしまうという状態を脳梗塞と言うんですね。したがって、脳梗塞と言った場合には、脳の、先ほどおっしゃってた不可逆的ダメージというところですね、に至ることを脳梗塞と言うんですが、そこに至る前に脳血流が再開すると、部分的に壊れてしまう、あるいはそこまでも至らないで、機能が一時的に果たせないだけで、能力が回復してくるということもあります。

検察官　脳の虚血時間が短い場合は回復しやすい、そのような理解でいいですよね。

福村医師　そのとおりです。

検察官　ただ、脳の虚血時間が短い場合は、そもそも意識レベルが重度に障害されることも、通常、考えられないのではないですか。

福村医師　これがですね、それぞれの脳細胞がさまざまな機能を果たしているんですけども、脳底動脈のダメージで意識障害が起きる頻度と、頻度というか意識障害に対しての影響と呼吸中枢に対しての影響っていうのは差があるのが普通だと思います。結構、脳底動脈閉塞症においては、意識障害が強く出るケースが多くて、これは瞬時に完成してきますので、また、意識障害が回復してくるのには、実はこの塞栓症って結構時間がかかるのです。脳血流が再開しても、閉塞したことによる脳細胞のダメージが回復してくるまで、なかなか目が覚めてこないのが普通なので、経過としては臨床科（原文ママ。「臨床家」の誤記と思われる）としても特に不自然さはないと考えています。

「気道閉塞の証拠がない」

ここで検察官は、Yさんらあずみの里の職員がKさんに対する救急処置として背部叩打法や口の中からのドーナツのかき出しを行ったことの効果で即死せずに済んだのではないか、だから気道閉塞状態だったと言えるのではないかという趣旨の質問をし、さらに、「Kさんに脳梗塞が発症した」とする福村医師の主張に疑問を投げかける問いを繰り出していった。

Yさんの弁護団は控訴審で、「脳梗塞説」を支持する脳神経外科医や死亡時画像診断の専門家の意見書を多数、証拠請求することになる。一審段階で弁護側の証人として出廷した福村医師は、検察官の疑問に答えながら脳梗塞の可能性が高いと判断した根拠を詳細に述べているので、少し長くなるが、そのやり取りを尋問調書から引用する。

検察官　つまり、脳梗塞の処置をしなかった一方で、気道閉塞に対する処置は施していたわけですけれども、Kさんが心肺機能が多少なりとも回復して、即死せずに済んだのは、脳底動脈塞栓症ではなくて、気道閉塞状態を改善することができたと考えるのが通常ではないですか。
福村医師　全く誤読だと思います。
検察官　誤読になるんですか。
福村医師　はい。気道閉塞状態があったというところ自体が。
検察官　誤読だという理由について、教えてください。
福村医師　気道閉塞を解除したというふうにおっしゃいましたけども、気道閉塞が生じたという証拠が何一つないんです。口の中からしか物が取られていなくって、鼻が通じているんですね。また、救急において、意識がなくなった方、特に食事中に意識がなくなった方について、救急処置を行う上で必ず確認しなければならないのが口腔内や咽頭の異物なんです。これはもう教科書に書いてあって、ACLSプロバイダーマニュアル（※筆者注＝アメリカ心臓協会の救命処置マニュアル）にも書いてあります。これはもう反射的にみんなが行うことなんですね。
検察官　それはまさに、本件施設の職員と救急隊員、搬送先の病院の関係者がやったっていうことですか。

福村医師　はい。これ自体は、窒息を診断するものではなくって、むしろ救命処置によって窒息状態を起こすのを防ぐための行動なんですね。口の中に物があるままで例えば人工呼吸器をしてしまえば、口腔内あるいは咽頭の異物を気道内に押し込む可能性があるので、口腔内や咽頭の異物は事前に確認して、取り除くというのが当たり前なんです。これは窒息を考えていたというよりも、当たり前のことを当たり前にやっただけなんです。

この後、検察官は福村医師に対し、Kさんが脳梗塞を発症したと判断した根拠について尋ねていった（元号表記の後の西暦は筆者による）。

検察官　じゃあ、先生がおっしゃる脳底動脈塞栓症なんですけれども、血栓溶解療法との処置が特段施されていないのに、それが自然治癒したと考える根拠は、看介護記録、カルテには載っていますか。

福村医師　看介護記録、カルテにはありません。

検察官　Kさんについて、病院に搬送されてから、Kさんがお亡くなりになるまでの間、頭部のCT撮影はなされていませんでしたね。平成26年（2014年）1月16日にKさんが亡くなった後、初めて撮影されましたね。その画像が先ほどスライドの中でも登場したCT画像ですね。先生はそのCT画像を見ただけで、今回のKさんの心肺停止の原因が、冒頭に書かれているんですけども、「左右対称性の中脳・両側視床の脳梗塞」と考えますか。

福村医師　画像を見ただけでという前提がありますけれども、画像から読み取れるものはいっぱいあるんですね。例えば、脳梗塞がいつ頃生じたかということも、この画像から読み取ることができます。そのことと、当然、Kさんの病気の経過というのが併さって診断は行われるので、この画像だけで話をしろというのは無理があります。

検察官　画像だけでは断定できないという理解でいいですか。

福村医師　画像だけでは、たとえ脳が真っ黒になっていても、それが死後のもので、いつ脳梗塞になったかは分からないだとか、どういう経過だったか全く分からないという条件の中で、この脳梗塞が死因だなんていうふうなことは断定はできません。

ここで検察官は、二〇一三年一二月一二日に脳梗塞を発症したことが分かるのか、搬送された病院に入院中に発症した可能性はないのか、と福村医師に尋ねていった（元号表記の後の西暦は筆者による）。

検察官　先ほど、今の質問の中でお答えになったのが、脳梗塞がいつ生じたか、それは分かるとおっしゃいましたね。Kさんの脳梗塞がいつ発症したのか、例えば平成25年（２０１３年）12月12日に発症したのか分かりますか。

福村医師　これは、幾つかの傍証から考えることは可能ですが、一つには、ここの脳底動脈先端部から還流されている部分の脳梗塞が、もし今回、12月12日の15時以前にあったとすると、それに伴う症状が出現していたはずなんですね。それは決して軽微な症状ではないので、気がつかないということはあり得ないと。したがって、今回、意識消失が生じた瞬間以降のところで生じた脳梗塞であることは確かです。さらに、今回の脳梗塞の部位を見ると、CT値と言いますけれども、脳のCTの黒さの値というのが、既にかなり黒くなっている。また、周辺部位の浮腫などが見られなくなっていますので、少なくとも1か月程度経っているものと考えることができます。したがって、脳梗塞が生じた期間というのは、意識消失が生じてから後、亡くなられる前1か月の間ということが言えると思います。

検察官　私の質問は、平成25年（2013年）12月12日にこの脳梗塞が生じたと言えるかと、そういう質問です。

福村医師　言えると思います。

検察官　12月12日ですよ。

福村医師　そうですね。これだけまれな症状と状態が二つ、短時間、短期間の間に別々に生じたと考えるのは、医師として不合理な行動になります。一般的に医師は、複数の問題がありましたら、それらが同時に生じた一つのことで説明ができるように考えていくものです。

検察官　もう一度、質問しますね。CT画像だけを見て、平成25年（2013年）12月12日にこの脳梗塞が生じたと言うことはできますか。

福村医師　CT画像だけで本人の病歴から切り離した場合には、診断というのは不能です。

検察官　この脳梗塞が搬送先の病院に搬送された後、入院中に生じた可能性もありますよね。

福村医師　その可能性はゼロではありませんが、非常に低いです。
検察官　別の病気で入院している患者が、入院中に体を動かせないことで血栓ができて脳梗塞になる、エコノミー症候群と言われていた事例ですけども、それはあり得るんじゃないですか。
福村医師　そういった事例は私自身も経験しておりますが、非常にまれです。
検察官　Kさんは、もともと脳梗塞のリスクファクター、心室肥大があったということでしたね。今回、入院後に脳梗塞の発症予防、もしくは塞栓の解消などのための特段の措置、講じられていましたか。
福村医師　ありません。
検察官　先生としては、入院中に脳梗塞が発生した可能性、これも一応、想定には入れてるんじゃないですか。
福村医師　入院中に脳梗塞が生じたと考えるには、経過が不合理なんですね。
検察官　どういった点ですか。
福村医師　今回のKさんに生じた意識消失、呼吸停止、心停止に至る説明が、ほかの病態で説明するのが難しいということです。

福村医師の証言は、検察側証人の根本学医師の証言に真っ向から反論するものだった。特に、埼玉医科大学国際医療センターの救命救急センターに搬送され、「窒息」と診断された八六症例を調べたところ、周囲に人がいたことが判明した五四例のうち窒息サインが明らかになったのは二例だったとする根本医師の証言について福村医師は、「学術報告として致命的な欠陥が複数存在していて、信じる根拠は限りなく乏しい」と厳しく批判した。

福村医師の批判について根本医師の見解を聞きたいと考えた筆者は二〇二一年六月、質問を列記した書面を根本医師に送り、取材を申し入れたが、応じてもらうことはできなかった。

4章　医療と介護における食事提供の意味

食事配膳時の注意事項

Yさんの裁判では、看護学の専門家二人が証言した。二人の証言は、「あずみの里事件」が全国の介護現場に否応なく突き付けた課題——体の機能が衰えた高齢者にいかにしておやつを提供したらよいか——に深く関わるものであった。

一人は、検察側の依頼で鑑定書を作成し、第一四回公判（二〇一八年年三月五日）で検察側証人として証言した鎌倉やよい氏である。証言によれば、鎌倉氏は愛知県がんセンターで看護師として勤務した経験があり、一九九九年に愛知県立看護大学（二〇〇九年から愛知県立大学）の看護学部教授となり、二〇一六年から日本赤十字豊田看護大学の学長を務めている。証言当時、一般社団法人日本摂食嚥下リハビリテーション学会の副理事長で、二〇二一年八月に理事長に就任した。

検察官が鎌倉氏に鑑定を依頼した事項は「特別養護老人ホームに勤務する准看護師が、入所者に間食を含む食事を配膳する際に求められる注意の内容及び水準、被告人が本件発生時、入所者に間食を配膳するに当たり、注意すべきであった事項、これに基づき取るべき対応、これに照らし、実際の被告人の行動に落ち度があったか否か、その他参考事項」である。

鎌倉氏はまず、法令で看護師や准看護師の業務として定められた「療養上の世話」として傷病者らに食事の配膳をする際には誤配膳を防止すべき注意義務があり、病気や障害の状態に合っていない食事が提供された場合には誤嚥や窒息の可能性がある、と述べた。

医療機関に限らず、特別養護老人ホームにおいて認知症や摂食嚥下障害がある人の世話を看護師がすることも、傷病者に対する療養上の世話に当たるのか、という検察官の質問に対し、鎌倉氏は「それは、当たると思います」と答えた。その理由について、「傷病者の概念もかなり広くなっています。そして、特別養護老人ホームは、生活の場ではありますが、医療を必要とする人もいらっしゃるということがありますので、そうした場合には、医療者である看護師、准看護師が対応する範ちゅうであると思います」と述べた鎌倉氏は、食事の指示箋を反映した書類を確認して、本人確認のうえで配膳をする必要性については、特別養護老人ホームも病院も違いはないとの意見を述べた。

すでに述べたように、Kさんのおやつは、二〇一三年一二月六日にドーナツを含む常食系からゼリー系に変更されていた。検察官は、Kさんが心肺停止状態になった二〇一三年一二月一二日、Kさんに対しドーナツをおやつとして配ったYさんの行為などについて鎌倉氏に尋ねていった。そのやり取りを尋問調書から引用する。

検察官　ところで、証人に見ていただいた資料にもあるように、あずみの里では、間食にも摂食えん下の状態に応じた種類が設けられていましたが、実際の間食の配膳時には、間食が個々の入所者ごとのお膳に分けられず、食札も付けられず、まとめて食堂に準備され、これを職員の記憶で配るという方法になっていましたけれども、このような配膳の方法に問題はないんでしょうか。

鎌倉氏　それは、問題があり危険です。

検察官　どのような点で、問題があり危険だと言えますか。

鎌倉氏　記憶が間違えるということがあることと、変更があるということの可能性も考えますと、毎回確認するということが妥当かと思います。

検察官　施設で働く看護師や准看護師としては、施設の実態がこうだからといって、配膳の都度、実際に書類を確認せずに記憶で間食を配ってよいんでしょうか。

鎌倉氏　それは、望ましくないと思います。

この後、検察官は摂食嚥下の機能が低下した人に対するケアについて看護師の立場から研究している鎌倉氏の経歴を確認したうえで、Kさんの食事時の窒息リスクについて尋ねていった（死亡した女性利用者の実名はKさんとした）。

検察官　そのような経歴を踏まえてですけども、今回のKさんのあずみの里の看介護記録類一式を見ていただいて、Kさんに食事の際の窒息のリスクがあったと認められましたか。

鎌倉氏　はい、認められました。

検察官　Kさんに窒息のリスクがあったと判断される根拠は、どんな点からでしょうか。

鎌倉氏　アルツハイマー型の認知症である、家族のかたの最後の調書を見ますと、日赤では、脳血管性の認知症のような診断をされているようですが、言ってみれば認知症であるということでペイシングの問題がある、かき込んでしまうということと、それから、年齢から考えると、えん下機能は低下していることも考えられ、そして、薬剤をデパスとか睡眠薬だとか飲んでらっしゃいましたから、そういった意味からもえん下反射が減弱してる可能性があるだろうということを予測できますので、その総合的に判断をしますと、窒息の危険性があるので、詰め込みには注意しなければならないと判断をいたしました。

この後、検察官は窒息リスクがある入所者の食事介助の際の留意点について尋ねていった。

検察官　窒息の予防に留意というのは、具体的にどんな措置を取るべきなんでしょうか。

鎌倉氏　具体的には、このかたの場合は、詰め込みを予防するということと、それから食形態に注意するということだと思います。

検察官　それでは、今2つお話しいただいたんですけども、まず詰め込みを予防するというのは、具体的にはどんな措置を取ることになるんでしょうか。

鎌倉氏　介護士さんたちは、お箸を使って少量しか入らないようにしてペイシングの調整をしているという記録がありました。これは、適切な援助だと思います。その他、ごっくんと飲み込んだことを確認してから、次のお箸を進めるというようなことがあるかと思います。あと、食形態については、一番パンとかドーナツ類というのが窒息を起こしやすいものと言われていますので、そちらの方にも注意することが必要だろうと思います。
検察官　詰め込みを防ぐ上で、見守りというのは必要になりますか。
鎌倉氏　はい、見守りが必要です。

誤配膳を「落ち度」と指摘した検察側証人

この後、検察官はYさんにどんな落ち度があったかを鎌倉氏に尋ねた（元号表記の後の西暦は筆者による。死亡した女性利用者の実名はKさんとした）。

検察官　それでは、以上を踏まえて、平成25年（2013年）12月12日のKさんに対する間食の配膳につき、被告人には、具体的にどんな落ち度があったと認めることができますか。
鎌倉氏　当日、誤ってドーナツを配膳したという落ち度かと思います。当日は、ゼリーとドーナツがあったわけですので、えん下に問題がある人にゼリーという判断であったかと思いますが、記録の方を確認しないまま、またそこにいる介護士にも確認をしないまま、そのままドーナツを配膳したという落ち度かと思います。

検察官　今回、弁護側、被告人側から、おやつの変更の理由ですね、このKさんの間食の形態が変更された理由について、これはKさんのおう吐の予防であるという主張がされているんですけども、仮におやつの変更の理由がおう吐の予防であれば、ゼリーを配るとされていたKさんに、ドーナツを配ってよいということになるんでしょうか。

鎌倉氏　それは、なりません。

検察官　どうして、ならないんでしょうか。

鎌倉氏　今の状態に応じてチームで決定をして、この人にゼリーを配るということが決定されていますので、それを間違ってドーナツを配るという事実には変わりがないと判断をいたしました。

鎌倉氏は、YさんがKさんにドーナツを配ったことに加え、Kさんと同じテーブルにいて嚥下機能に障害があった男性利用者にゼリーを食べさせる際、見守りが必要だったKさんに背中を向け、Kさんが見えない状態で男性利用者への食事介助をしていたことも、Yさんの「落ち度」であると述べた。

このように鎌倉氏は、Kさんはドーナツによって窒息し、心肺停止状態になったとする検察側の主張を前提に鑑定を行い、Yさんには過失があると証言したのである。

特養ホームと病院の違い

鎌倉氏の証言から四カ月後に開かれた第一九回公判（二〇一八年七月二日）に、弁護側の依頼で鑑定書を作成した川嶋みどり氏が出廷し、証言した。その証言は鎌倉氏とは正反対に、「Yさんに過失はない」というものだった。

川嶋氏は一九七一年まで二〇年間にわたり日本赤十字社中央病院に勤務した。病院勤務時代に、乳児へのミルク授乳時の誤嚥性肺炎予防が大きな課題だった小児科病棟や、異物を誤飲したり、扁桃腺摘出手術を受けたりした子どもが多くいた耳鼻咽喉科を担当したことで、若い頃から摂食嚥下問題に強い関心を持った。その後、日本赤十字社看護大学の教授、同大学看護学部長などを歴任し、長年、看護教育に携わった。老人保健施設での実態調査に基づき、老人保健施設における高齢者のケアモデルや看護師、介護士の教育プログラムなどを作る研究を行ったこともある。二〇〇七年に北九州市の病院で起きた「爪ケア事件」（患者の足親指の肥厚した爪を切った行為が傷害罪に当たるとして看護師が逮捕、起訴された事件。一審では懲役六カ月執行猶予三年の有罪判決だったが、二審の福岡高裁が二〇一〇年九月に「看護行為として正当な業務行為に該当するから違法性はない」として一審判決を破棄して無罪を言い渡した判決が確定）では、弁護側の証人として証言した経験があった。

川嶋氏への尋問を担当した弁護人は川嶋氏の経歴を尋ねた後、鑑定書の内容について質問していった。弁護人は最初に特別養護老人ホームと病院の違いを尋ねた。川嶋氏の証言は鎌倉氏の認識と大きく異なるものだった。そのやり取りを以下に引用する。

弁護人　じゃあ、次に、鑑定書の内容についてお聞きしますが、鑑定書には、特養と病院との違いが書かれてますが、一言で言うと、基本的違いはなんですか。

川嶋氏　一言では、病院は、傷病者の治療をする場です。それから、特養は、高齢で、ご自分の起居動作ができなくなった方に、介護を専門的に提供する場です。

弁護人　そうすると、その違いっていうものは、実際の現場では、どのような違いとして現れてくるんでしょうか。

川嶋氏　一口に言えませんけども、病院の場合には、どうしても治療優先になります。ですから、特に、入院した場合ですと、今、非常にアメニティもよくなったり、プライバシーも守られるようになりましたけれども、家庭生活に比べたら、かけ離れた生活、かけ離れた環境のもとで生活をしなきゃいけませんから、かなり、自分の生活を犠牲にしても治療優先になってくると思います。

弁護人　じゃあ、特養は。

川嶋氏　特養の場合は、高齢のために、ご自分でいろんな家庭的な条件がなくて、家庭の中で暮らしていけないわけですから、その高齢者の方たちを家庭の延長として面倒を見るという、つまり、病院の場合には、暮らしを犠牲にするんですけど、特養の場合には、暮らし全般を特養に持ち込んできて、いわば、住み慣れた自宅に非常に近づけた形で、日々の流れを保つということが根底にあって、しかも、病院のように在院日数が限られてるわけじゃなくて、終の住みかって言ってもいいぐらい、ほんとに、そこでみとりもされるっていうようなことが言われてますので、かなり長期にわたって暮らし全体を整えながら、できるだけ、その人の生活に合わせたケアをしていくっていうことが違います。

「特養のおやつに食札は不要」と証言した弁護側証人

この後、弁護人は特別養護老人ホームにおけるおやつの位置づけについて尋ねた。鎌倉氏が誤配防止のためにおやつにも食札が必要と証言したのに対し、川嶋氏はそれとは異なる見解を述べた。

弁護人　じゃあ、次に、特養でのおやつについてお聞きします。鑑定書には、特養でのおやつの位置づけについて書かれてるんですが、特養におけるおやつというものは、どういうものなんでしょうか。

川嶋氏　特養におけるおやつっていうのは、日課の一つとして、これは、楽しみとか一つのくつろぎの場でもありますし、それから、コミュニケーションの場でもあると思います。

弁護人　証人は、各地の特養を、実際研究を兼ねて検分してますね。

川嶋氏　はい。

弁護人　特養のおやつの実態、どんなものでしょうか。

川嶋氏　あずみの里のように、一定の決まった時間に、大体、決まったおやつを配って出してる特養もございますけれども、そのほうが、一番多いかもしれませんけども、特養の中には、利用者さんたちにお菓子を作ってもらって、自分たちでそのクリームを練ったり、ケーキを焼いたりして作って食べているところもありますし、それから、決まった時間は決めないで、各夕食とかお昼のご飯のときに、デザートとしてご飯と一緒につけて、これをおやつと称しているところもあります。それから、施設の中に喫茶店とか売店があって、そこで、好きな時間に自由に自分で買って食べてもいい、飲んでもいいというところもあります。それから、東京のある特養では、数種類のおやつを用意して、勝手にそこから2種類選んで食べてもいいというようなところもありました。

（中略）

弁護人　じゃあ、ちょっと視点替えますが、特養において、おやつについて配慮しなければならない場合っていうのは、どういう場合でしょうか。

川嶋氏　それは、疾患、身体的疾患があって、例えば、糖尿病、一番大きいのは、糖尿病ですけども、糖尿病とか高血圧とか腎臓病とかがあって、1日に決まっている糖分とか塩分とかがきちんと算定されているような方に対しては、おやつだからといって何でもあげていいっていうわけではないと思います。そういう方たちを配慮しなきゃいけないと思います。それから、実際に、狭い意味での摂食嚥下障害があって、飲み込めない方には、それなりの配慮が必要かと思います。

弁護人　特養でのおやつについて、食札があるかどうか、実態はどうですか。
川嶋氏　私の知ってる限りでは、食札を作っている特養は知りません。私も見たこともありません。
弁護人　実は、鎌倉証人は、この法廷で、特養あずみの里について、おやつに食札がない、配膳する職員の認識に任せているのは、誤配膳防止の観点から問題だと証言したんですが、この意見に対して、証人どうでしょうか。
川嶋氏　それは、根本的におかしいと思います。
弁護人　どういって。
川嶋氏　先ほども言いましたように、おやつっていうのは、3食のお食事とは性質を異にしまして、いろんな栄養素とかカロリーとかを問題にするんじゃなくて、あくまでも楽しみのためですし、それから、今の特養は、そんな何種類もおやつを用意しているわけじゃありませんし、個々の、個別の高齢者にとって、このおやつが適当かどうかなんかいうことも特に判断して配るわけじゃありませんので、何か食札を作ること自体が必要ないと。大体、おやつといえば、普通、1種類で、そして、先ほど言ったように、身体に問題がある患者さんで、配慮しなきゃいけない方が誰かっていうことが分かっていれば、あとは、特に、食札は作る必要ないと思います。また、作る時間もないと思います。
弁護人　そうすると、先ほど、証人が、狭い意味の嚥下機能障害のある人とか、糖尿病とか、そういう病気とか、特別の障害を持った方には、おやつでも配慮が必要だとおっしゃいましたが、そういう人は、施設の職員たちは分かってるから、食札などは特別いらないんじゃないかということですか。

川嶋氏　はい、それは、病院のように、病院の場合は、急性期の方も多いですし、ちょっとしたことから症状が変わったりする以外に、検査や何かの都合で、夜は食べてはいけないとか、朝は抜くとかいう、いろんなバリエーションが多いんですね。でも、特養の場合には、大体、症状は安定してるっていうか、慢性疾患があっても、症状は一応安定してるし、固定してるし、そういう障害もある程度固定している方たちですし、長いこと入ってらっしゃる方ですから、主婦が、家庭の人たちの好みを知ってるように、介護職の人たちは、誰さんはこうねっていうことは、暗黙のうちに全部了解してると思います。そうしないと、ケアできません。

「一人だけに注意を向けるのは不可能」

川嶋氏は鑑定書でおやつの配膳や介助などは、少人数の職員が多数の利用者に対するものであることを指摘していた。そのことに関して弁護人と以下のようなやり取りがあった。

弁護人　食事介助、おやつ介助は、あの特養の12月12日のあの日の場面では、1対1の関係じゃなくて、2対17っていいますか、介助者2人、被介助者17人とそういう数の関係だと、それを考えないといけないんではないかということですか。

川嶋氏　はい。

弁護人　もうちょっと具体的に、それはどういうことを意味する。

川嶋氏　あずみの里に限ったことじゃなくって、病院でも同じことが言えると思うんですけども、とにかく、1対1でかかわるという場面は、例えば、企業の看護の仕事の上で言いますと、それこそ、先ほど来お話があったような、摘便とか採血とか経管栄養の場合には、準備から終了後の観察まで一連の業務全てを、その個人に限定して注意義務が生じると思うんですね。

弁護人　そういう業務は、1対1の関係だと。

川嶋氏　はい、それから、介護職の場合は、自分でご飯が食べられない人とか、自分で移動ができない人とか、自分でお風呂が入れない人がいますから、その人に限って、その人の介助をしなければいけないときは、その人1人1人に対して、その人が終わるまでの限定した時間内の注視義務が発生すると思うんですけども、17人とか19人とかを1人、2人で見るっていうのは、病院でも、介護施設でも、どこでもめずらしいことではありません。そうしたときに、その19人や17人の中の1人だけに、注意義務を向けなきゃいけないということは、不可能だと思いますし、求められるべきじゃないと思います。

Kさんが心肺停止状態になった当日、あずみの里の食堂にいた一七人の利用者のうち、嚥下障害があって直接食事介助が必要だった二人と、糖尿病のために低カロリーのおやつを提供する必要があった一人の計三人が特に注意を要する利用者だったが、Kさんは特別な注意が必要な対象ではなかった、というのが川嶋氏の意見だった。

裁判結果の影響を懸念

川嶋氏は証言に先立ち、あずみの里が二〇一三年一二月当時、利用者におやつとして提供していたドーナツを自分でも食べてみた。そのときの印象について弁護人から聞かれた川嶋氏は以下のように語った。

弁護人　じゃあ、次に、本件ドーナツの危険性についてお聞きします。証人は、本件ドーナツを実際に食べてみたことはありますか。
川嶋氏　はい、いただきました。
弁護人　失礼な、証人、歯はどんな状況ですか。
川嶋氏　はい、年を取ってますので、上4本、下4本、部分入れ歯です。それから、真ん中にも入れ歯があります。
弁護人　上下の入れ歯を外して、この本件ドーナツを食べてみたことありますか。
川嶋氏　はい、食べました。
弁護人　どうでしたか。
川嶋氏　とにかく、ちゃんと舌と歯茎でぎゅっと潰れました。ぱらぱらっとばらけました。

弁護人　実際に食べてみて、喉に詰まって窒息する恐れ、感じましたか。
川嶋氏　全然感じません。しっとりしてて、普通のドーナツ以上にしっとりしてました。
弁護人　本件ドーナツと、牛乳を一緒に食べてみたことはありますか。
川嶋氏　はい。
弁護人　どうでしたか。
川嶋氏　飲みやすい、つるっと入りました。
弁護人　牛乳とドーナツ、一緒に食べると、どんな感じですか。
川嶋氏　食べやすいです。
弁護人　自然に砕けてしまったりしますか。
川嶋氏　自然に砕けるというか、とにかく、一緒に流れ込んじゃいます。

川嶋氏は証言の前に、看護系の大学の学長、学部長、学会会長ら一四人が集まる会議の席に同じドーナツを持参して、そのまま食べてもらったり、牛乳と一緒に食べてもらったりしたときのことを法廷で紹介した。七〇～七五歳が多くを占めたその会議の出席者に、「窒息しそうになりますか」と問いかけたときの反応を、川嶋氏は次のように述べた。

「全然、そんな危険性はないと思うわ、だって、口の中でばらっとばらけちゃうし、柔らかいし、潰せるし、牛乳と一緒に飲んだらすっと食べれるよねって皆さんがおっしゃいました」

川嶋氏は弁護側の主尋問の最後にYさんが業務上過失致死の罪で起訴された裁判に対する感想を

問われ、次のように述べた（尋問調書において実名で記載されているYさんの名前は匿名化した）。

私は、今回のこの事例を調べれば調べるほどっていうか、いろんな記録を読ませていただき、それから、調書類で、皆さん、スタッフの方たちが述べていらっしゃる、関係者の方が述べていらっしゃる証言内容を読ませていただきまして、一番感じたことは、なぜ、これが裁判になるんだろうかっていう疑問でした。そして、もし、ここで有罪判決が出たら、これは、Yさん個人じゃなくて、日本中の看護師も、日本中の社会福祉士や介護者たち、介護福祉士たちが、罪を負わなければならない共通性の問題があるなと思いました。それは、1対1で仕事をしていることは絶対できない状況がありますし、もし、これを、これが、社会的通念で仕方がないとなったら、これからの超高齢社会が到来するに当たって、全ての高齢者は、縛られなきゃならなくなるし、食べられなかったら胃ろうをつけられて頚管胃（原文ママ。※筆者注＝経管胃の誤記と思われる）をされるような状況になりかねないということを感じて、自分自身が、87歳で、明日そうなるかもしれない身でありますから、他人事と感じられないで、この裁判が、無罪に終わるっていうことを、ほんとに心から願って証言に立たせていただきました。

5章　再度の訴因変更

注意義務の発生時期をさかのぼらせた検察

2章で述べたように、検察側は、第一回公判（二〇一五年四月二七日）から一年五カ月が経過した二〇一六年九月一六日付で、もともとの主張（主位的訴因）を一部変更して、「誤嚥」という言葉を起訴状記載の公訴事実から除き、死因を「低酸素脳症」から「低酸素脳症等」に変更することを裁判所に請求した。それと同時に、提供するおやつがゼリー系に変更されていたKさんに対し、おやつの形態を確認しないまま、漫然とドーナツを配膳して提供した過失（＝おやつの形態変更確認義務違反）という新たな主張（予備的訴因）を追加することを裁判所に請求した。主位的訴因が裁判所に認められなかった場合に備えての追加主張である。

検察側の訴因変更請求を長野地裁松本支部が認める決定を出したことを不服として、Yさんと主任弁護人はこの決定の取り消しと予備的訴因の追加を不許可とすることを求める特別抗告を最高裁に申し立てたが、棄却されてしまう。その後、公判では検察側、弁護側双方が申請した証人に対する尋問が順次行われていった。そして、証拠調べがほぼ終わろうとしていた第二〇回公判（二〇一八年七月三〇日）において、検察側は二回目の訴因変更請求を行った。

再度の訴因変更請求は、Yさんの過失として検察側がもともと主張していた「注視義務違反」（主位的訴因）に関するものだった。具体的には、起訴状に記載された公訴事実の傍線部を削除し、カッコ内の文言を加えるというものである（死亡した女性利用者の名前はKとした。元号表記の後の西暦と傍線は筆者による）。

> 被告人は、長野県安曇野市豊科高家5285番地11所在の社会福祉法人協立福祉会特別養護老人ホームあずみの里に准看護師として勤務し、同施設の利用者に対する看護及び介護業務に従事していたものであるが、平成25年（2013年）12月12日午後3時20分頃、前記あずみの里1階食堂において、同施設の利用者であるK（当時85歳）が間食を食べるに当たり、同人が食事中に食物を口腔内に詰め込む等の特癖を有し、口腔内若しくは気管内異物により窒息するおそれがあり（があったところ、被告人が前記Kに口腔内若しくは気管内を閉塞しうるドーナツを配膳して提供し）、かつ、当時、同食堂において利用者に対する食事の介助を行う職員が被告人及び同施設介護職員1名のみで、同介護職員は利用者に提供する飲み物の準備中であったため、前記Kの食事中の動静を注視することは困難であったのであるから、同人が間食のドーナツを口腔内に詰め込むなどして窒息することがないように被告人自ら前記Kの食事中の

動静を注視して、食物による窒息事故を未然に防止すべき業務上の注意義務があるのにこれを怠り、（他の利用者への間食の配膳や）他の利用者への食事の介助に気を取られ（るなどし）、前記Kの食事中の動静を注視しないまま同人を放置した過失により、同人にドーナツを摂取させ、口腔内若しくは気管内異物による窒息に起因する心肺停止状態に陥らせ、よって、平成26年（2014年）1月16日午後8時18分頃、同県松本市巾上9番26号社会医療法人中信勤労者医療協会松本協立病院において、前記心肺停止に起因する低酸素脳症等により同人を死亡させたものである。

再度の訴因変更請求が意味するものは何なのだろうか。

検察側の請求内容を見ると、Yさんの「過失」の前提となる事実として、以下の二つを付け加えたことが分かる。

一．Yさんが Kさんに対し、口腔内若しくは気管内を閉塞しうるドーナツを配膳して提供したこと

二．Yさんが Kさん以外の他の利用者へのおやつの配膳に気を取られ、Kさんの食事中の動静を注視しなかったこと

すでに述べたように、裁判所から公訴事実の記載内容に関する六項目について明確にするよう命

じられた検察側は、（一）YさんがKさんと同じ程度に食事中の動静を注視しなければならなかったのはKさんと同じテーブルでおやつを食べていた利用者に限られる、（二）Kさんに対するYさんの注意義務は、YさんがKさんと同じテーブルに着座したときから発生したということでよい、などと答えた。

この回答によれば、YさんがKさんの食事中の動静を注視しなければいけなかったのは、Kさんを含め食堂にいた利用者におやつを配り終え、Kさんと同じテーブルにいた、嚥下障害のあった利用者に対する食事介助をするために着座してからということだったはずである。

ところが、二回目の訴因変更請求で検察側は、YさんがKさんにドーナツを提供してから各テーブルを回って再びKさんがいるテーブルに来て別の利用者への食事介助を始めるまでの間も、「他の利用者への間食の配膳」に気を取られることなく、ドーナツを提供したKさんの動静を注視すべきであった、との主張を新たに持ち出したわけである。

弁護側は、Kさんが意識を失った当日の職員の行動などを再現した検証に基づき、YさんがKさんにドーナツを提供してからKさんと同じテーブルにいた別の利用者へのおやつの介助を始めるために着席するまで三分程度の時間があったと主張していた。この間、Yさんは一六人の利用者にドーナツやゼリーを配って歩いた。

「迅速な裁判の要請に反する」と弁護側は反発

弁護側は再度の訴因変更請求に対し、「審判対象が拡大し、それに伴う主張立証事項が増加する」と、強く反発した。

二〇一八年八月二〇日付で長野地裁松本支部に出した「検察官の再度の訴因変更請求に対する意見」で次のように指摘した（実名で記載されているYさんとKさんは匿名化した）。

この度の再度の訴因変更請求が許可されると、過失行為については、YさんがKさんにドーナツを配膳したときからKさんと同じテーブルに着座したときまでのYさんの行為が審判対象に追加されることになる。すなわち、YさんがKさんにドーナツを配膳したこと、その後に他の利用者におやつを配膳したこと、配膳の経路、その経路の各地点におけるYさんの視野の範囲など、Yさんの配膳作業について、その詳細を明らかにする必要が生じる。

Kさんが意識を失った日、食堂にはYさんのほか、Yさんにおやつの配膳を頼んだ男性介護職員と、遅れて食堂に入ってきてKさんの異変に最初に気づいた女性介護職員がいた。検察側が新たに持ち出した、「Kさんにドーナツを提供してからKさんがいたテーブルに着座するまでの間のKさんに対する注視義務」がYさんに課されるとしたら、Yさんがおやつの配膳を続けている間に飲み物の準備をしながら、Yさんと同じく利用者全体の動静を把握していた男性介護職員には過失責任がなく、Yさんだけに過失責任を負わせる状況があったのかどうかを明らかにしなければならない、というのが弁護側の指摘であった。

弁護側はこの意見書で、Yさんや弁護団が防御のために費やした時間と労力が膨大であることや、結審を迎えようとする段階で再度の訴因変更を求める検察側のやり方が迅速な裁判の要請に反する、不誠実なものであることを理由に挙げながら、次のように強い言葉で検察側を批判し、訴因変更請求を許可しないよう裁判所に求めた。

今回の訴因変更が許されるならば、Yさんは実質3回の刑事裁判に晒されることになる。三重の負担と言わなければならない。公益の代表者であるべき検察官としては、捜査および公判請求の杜撰さに気づいたときには、公訴を取り消す決断をするのが本来あるべき姿である。ところが、検察官は、一度公判請求したものは、検察庁の面子にかけて撤回はできないということであろうか。検察官自身においてYさんへ更なる重い負担を負わせることについて心を致すべきである。

これに対し検察側は、二〇一八年八月二七日付で長野地裁松本支部に出した意見書で、再度の訴因変更請求に至った経緯をおおむね次のように説明した。

当初の訴因（※筆者注＝注視義務違反）に関する釈明において、注意義務の発生時期について、被告人（※筆者注＝Yさん）が被害者（※筆者注＝Kさん）と同じテーブルに着席した時点から発生したと釈明した際、あえて、この釈明が当初の訴因に記載された注意義務に限定したものであると言及した。その後、予備的訴因（※筆者注＝おやつの形態変更確認義務違反）を追加請求して、過失行為を、被告人が被害者にドーナツを配膳した時点の行為までさかのぼらせた際、配膳から着席までの間の被告人の過失行為について明確に言及しないまま、証人尋問などの証拠調べの手続きに臨んでいたが、配膳から着席までの間の被告人の過失行為についても、一連の行為として捉えて審判の対象であると考えていた。弁護人や裁判所から、その過失行為を審判対象に含めるのであれば、訴因変更を行う必要がある旨の考えを示され、検討した結果、訴因変更請求に至った――。

弁護側が「Yさんと同じく食堂にいて利用者全体の動静を把握していた男性介護職員には過失責任がなく、Yさんだけに過失責任を負わせる状況があったのかどうかを明らかにしなければならない」と指摘したことに対しては、検察側はおおむねこう反論した。

仮に、他の職員による見守りが可能だったとしても、他の職員、とりわけ男性介護職員はそもそもKさんにドーナツが配られるとは予測していなかったから、被告人に課せられる注意義務と同等の注意義務を課すことはできない。仮に他の職員に注意義務を課すことができたとしても、その義務を怠ったことは被告人の過失と競合するだけで、被告人の過失を否定することにはつながらない――。

検察に苦言呈しながら請求を認めた裁判所

この意見書に対し弁護側は再度反論する意見書を裁判所に提出したが、長野地裁松本支部は二〇一八年九月一一日、訴因変更請求を許可する決定をした。

決定文の中で同支部は、「裁判所は、検察官の請求があるときは、公訴事実の同一性を害しない限度において、起訴状に記載された訴因又は罰条の追加、撤回又は変更を許さなければならない」と定めた刑事訴訟法三一二条一項に言及し、「変更前後の訴因には公訴事実の同一性が認められる」と、訴因変更請求の要件を満たしているとの判断を示した。そのうえで、訴因変更請求を不許可にできるとされる「検察官の権利の濫用」に当たるかどうかに関して検討した結果を述べている。少し長いが、公判に臨む検察側の姿勢に対する苦言も含むものなので、該当箇所を以下に引用する（元号表記の後の西暦と傍線は筆者による）。

> そこで、本件訴因変更請求が権利の濫用に当たるかを検討するに、訴訟経過の概要は以下のとおりである。平成26年（２０１４年）12月26日に本件公訴提起がなされ、その後、裁判所から検察官に対し、注意義務の発生時期等について釈明を命じ、これに対し検察官は、平成28年（２０１６年）7月6日の公判期日において、被告人の注意義務は被告人が被害者と同じテーブルに着座した時から発生したということでよい旨釈明した。検察官は、同年9月16日に起訴状

記載の訴因の内容を一部変更する訴因変更請求及び予備的訴因（被告人の被害者に対するドーナツの配膳を過失行為とするもの）を追加する訴因変更請求をし、その後これらが許可されたが、起訴状記載の訴因（以下「主位的訴因」という。）の変更内容は、注意義務の発生時期に関するものではなかった。検察官は、平成30年（２０１８年）６月19日に釈明書を提出し、そこで主位的訴因について注意義務の発生時期を被告人が被害者にドーナツを配膳して提供した時点からであると主張する意思を明らかにし、同年７月30日に本件訴因変更請求をするに至った。また、上記訴因変更後、公判期日が重ねられて、上記釈明書提出時には、多数の証人尋問及び被告人質問が終えられ、残る主要な証拠調べは概ね弁護人請求証人２名となっていた（採否未了の弁護人請求証人１名についても、採用した場合の取調べ期日の予定が組まれていた。）

検察官が注意義務の発生時期について主張を変更する意思を明らかにしたのは、公訴提起から約３年半が経過し、証拠調べが終了間近になってからであって、その内容は、注意義務の発生時期を以前に釈明した内容よりも遡らせるものである。そのように主張を変更するに至った経緯について検察官の説明するところも納得できるものではなく、特に従前の釈明内容を考えれば、主張を変更するのであれば前回の訴因変更請求の際にしておくべきであったといえ、本件訴因変更請求には誠実な権利行使といい難い面がある。

しかしながら、従前の主位的訴因、本件訴因変更請求に係る訴因、更には予備的訴因で主張される過失内容は、いずれも同一の死亡事故に至る被告人の一連の行為の一部を取り上げるものであり、本件訴因変更請求は被告人が被害者にドーナツを配膳してから被害者と同じテーブルに着席するまでの場面を新たに加えるものであって、従前の弁護活動を無にするといったものではなく、そして、着席前の被告人、被害者及び関係者の言動等については実施済みの被告人質問、各証人の尋問等において、その趣旨はともかくとして、弁護人からも質問して相当程度確認されており、また、検察官が本件訴因変更請求が許可された場合にも新たな証拠調べは請求しない旨述べていることなどからすれば、本件訴因変更請求を許可した場合に新たに必要となる主張立証の範囲が広範にわたるということはなく、審理期間がある程度延びるにしても、長大な期間を要するというものではないと考えられる。

そうすると、被告人の迅速な裁判を受ける権利等について弁護人が主張するところなどを検討しても、本件訴因変更請求が検察官の権利の濫用であるといい切ることまではできない。

検察側による再度の訴因変更請求について、「誠実な権利行使といい難い」ものの「権利の濫用」とまでは言いきれないとして許可した長野地裁松本支部の決定に対し、弁護側が強く反発し、最初の訴因変更請求時と同じく、決定の取り消しを求めて最高裁に特別抗告を申し立てた。

「憲法違反」理由の抗告を棄却した最高裁

二〇一八年九月一四日付でYさんと主任弁護人の中島嘉尚弁護士が最高裁に提出した特別抗告申立書で、再度の訴因変更請求を許可した裁判所の決定は、憲法の規定に違反すると主張した。具体的には、(一) 法律の定める手続きによらなければ刑罰を科せられないと定めた憲法三一条、(二) 公平な裁判所の迅速な公開裁判を受ける権利を定めた憲法三七条一項、(三) 刑事被告人はすべての証人に対して審問する機会を充分に与えられることを定めた憲法三七条二項、(四) 同一の犯罪について、重ねて刑事上の責任を問われないことを定めた憲法三九条、に違反するという主張だった。それぞれの主張の概略は以下のとおりである。

【憲法三一条違反】

検察官の主張は、審判対象を際限なく広げ、裁判の負担を課し続けることを制限している現行の訴因制度を否定するものである。審判対象が広がることを敢えて秘匿しながら証人尋問を行わせ、突如として争点整理において除外された行為を過失行為として新たに主張し始めた検察官の行為は信義に反し、手続的正義に反することは明らかであり、それを追認した決定は憲法三一条に違反する。

【憲法三七条一項違反】

第一回公判から約三年四カ月の間に二〇回に及ぶ公判が開かれ、検察側、弁護側の立証もほぼ終了した中での訴因変更請求はあまりにも時機(時期)に遅れている。弁護人は当初より、注視義務の発生時期そのものについて問題提起をしており、検察官は前回の訴因変更より前に十分な検討の機会があった。どんなに遅くとも、前回の訴因変更の際に過失に関する事実についても変更をしておくべきであった。

憲法三七条一項が定める「迅速な」裁判の要請を実現するため、二〇〇三年七月に公布・施行された「裁判の迅速化に関する法律」は「第一審の訴訟手続については二年以内のできるだけ短い期間内にこれを終局させ（中略）ることを目標として、充実した手続を実施すること」を定めており、裁判所、当事者は迅速化のための「責務」を負うこととなった。訴因変更請求の可否を判断するに際してもこの観点を踏まえる必要がある。結審間近での訴因変更許可決定は、憲法三七条一項に反する。

【憲法三七条二項違反】

検察官が最初の訴因変更の際に、主位的訴因の注視義務の発生時期が遡るものと認識していた。そうであれば、重要な争点の変更になるので、裁判所に対して争点に関する再検討を促す必要があった。にもかかわらず、検察官は敢えて争点の変更を伏せて、弁護人に従来の争点に基づいた証人尋問をさせた後に、唐突に審判対象を変更した。検察官の行為を追認する訴因変更許可決定は、被告人の反対尋問権を侵害するもので、憲法三七条二項に違反する。

【憲法三九条違反】

予備的訴因の追加と訴因変更を経て、再度、検察官から主位的訴因の変更が請求され、許可された。訴因変更の必要が生じたのは、従来の訴因では立証に耐えないと検察官が判断したからにほかならない。このたびの訴因変更許可決定により、Yさんは実質的に三度目の刑罰の危険にさらされることになる。したがって、このたびの訴因変更許可決定は、同一の犯罪について、重ねて刑事上の責任を問われないこと（＝二重の危険の禁止）を定めた憲法三九条に違反する。

しかし、最高裁第二小法廷（三浦守裁判長、鬼丸かおる、山本庸幸、菅野博之の各裁判官）は二〇一八年九月二一日、抗告を棄却する決定を出し、再度の訴因変更請求は許可された。

二度にわたる訴因変更請求とそれを許可した長野地裁松本支部の決定に対する弁護側の特別抗告申し立ては、業務上過失致死罪で起訴されたＹさんの裁判の進行にどの程度影響を与えたのだろうか。

検察側の一回目の訴因変更請求は二〇一六年九月一六日で、その直前の第五回公判（二〇一六年七月六日）から、弁護側の特別抗告を棄却した最高裁の決定を経て第六回公判（二〇一七年三月一七日）が開かれるまで約八カ月かかった。二回目の訴因変更請求をした第二〇回公判（二〇一八年七月三〇日）から、弁護側の特別抗告を棄却した最高裁の決定を経て第二一回公判（同年一〇月一日）が開かれるまで約二カ月かかっている。

第二一回公判での証拠調べと検察側の論告求刑、第二二回公判（同年一一月五日）での弁護側による最終弁論を経て、長野地裁松本支部が判決を言い渡したのは、第一回公判から三年一一カ月が経過した二〇一九年三月二五日だった。一審の公判の四分の一近い期間が、検察側の訴因変更請求に関する手続きに割かれたことになる。

6章 検察の追加主張認めた一審判決

論告求刑

Kさんは窒息であったという前提でYさんを起訴した検察側は二〇一八年一〇月一日の第二一回公判で論告求刑を行うに当たり、四二ページに及ぶ論告要旨の半分以上をKさんの死因に関する記述に割いた。

検察側が窒息の根拠として主張したのは、おやつを食べていたKさんに異変が起こったときの状況や救命処置、Kさんの症状である。具体的には、Kさんの急変に気づいたYさんがKさんの背中を叩いたこと、Kさんの口の中や舌の上にドーナツ（片）があり、Yさんや看護師長がそれを指で取り出したこと、看護師長が脈や呼吸の停止を確認したこと、Kさんの手の平から指先まで紫色になったこと、救急搬送中に一度再開した心拍が再び停止し、病院での治療開始後に心拍が再開したことなどである。これらはいずれもドーナツで窒息したことを直接的に証明する証拠ではなかったが、検察側は「本件事故当時の被害者の状況及び症状という事実関係だけを見ても、被害者がドーナツを摂取したために窒息したことが強く推認することができる」とした。検察側がこうした主張の支えとしたのは、埼玉医科大学教授の根本学医師の以下のような法廷証言である（死亡した女性利用者の実名はKさんとした）。

通常、我々医師は何が起こったかというのは、現場に居合わせた人、それから、救急隊が出動したのであれば、救急隊の現着から病着までの情報、これらを基に基本的な病態を考え、更に実施設内で行うレントゲン検査とか心電図検査、あるいは血液検査等から原因を探求していくんですけれども、今回、Kさんの診療録を見る限りにおいては、窒息以外の病態を検討されているということは見いだすことができませんでした。

このほか、検察側は、（一）Yさんや看護師長がKさんの口の中からかき出したとされる指一本分のドーナツがあれば、成人で直径が七ないし一〇ミリメートルの声門を塞ぎ、窒息すると考えられる、（二）声門を塞いだドーナツはYさんによる背部叩打法によって口腔内に戻ったと考えられる、とする根本証言などに依拠して、Yさんが配ったドーナツで窒息が起きたと主張した。

また、弁護側が主張する脳梗塞説についても根本証言を支えに否定した。

検察側は、根本医師が埼玉医科大学国際医療センターの救命救急部門の責任者を務め、日本救急医学会の専門医、指導医の資格を持つことに触れながら、次のように主張した。

根本証言は、その専門的な知識・経験に基づき、本件施設の被害者の看介護記録や、搬送先の松本協立病院のカルテ、松本消防局の心電図記録票といった客観的資料に記載された事項や測定数値等をもれなく検討し、それらの事項や数値の示すところについて詳細な意見を述べた上で結論を導いているのであり、その内容において、何ら不自然・不合理な点がなく、その信用性は極めて高いといえる。

検察側は、Yさんの過失は軽いものではなく、死亡という結果も重大であると主張した。一方、Yさんにとっての酌むべき事情として、(一)一七人の利用者へのおやつの配膳とKさん以外の利用者への食事の介助をする中で、Kさんに対する動静注視を行うことになったことは、看護師・准看護師の人員不足等の施設側の体制の問題にも遠因があると思われ、被告人のみに非難が課されるものとはいえない、(二)食札がなく、おやつの形態の区分が一目で分かるようになっていなかった、(三)Kさんのおやつの変更が被告人に明示的に引き継がれていなかった、ことなどを挙げた。そのうえで、「その罪責にふさわしい処罰をする必要がある」として、罰金二〇万円を求刑した。

最終弁論

弁護側の最終弁論は、検察側の論告から約一カ月後の二〇一八年一一月五日に行われた。その主張は多岐にわたるが。ここでは、主要な争点であったKさんの死因を中心に、最終弁論の内容を紹介する。

弁護側はまず、刑事裁判においてすべての犯罪事実について立証責任を負う検察官が、「合理的疑いを入れる余地がない程度の証明」によって窒息の事実を立証できていない、と指摘した。

その理由として、弁護側は、窒息（＝気道閉塞による換気障害によって酸素の摂取ならびに二酸化炭素の排泄が阻害された状態）が起きたことを直接立証する証拠がまったくないことを挙げた。検察側が白らの主張の支えにした根本医師の証言と鑑定意見書は、Kさんの異変発生時の状況や症状を根拠にしているが、それは単なる推測にすぎず、「気道の閉塞が生じたこと」の直接証拠になるものではない、というのが弁護側の主張だった。

弁護側は、弁護側証人の福村直毅医師が、気道（口腔、咽頭、喉頭、声門、気管）の各部位において、ドーナツによる閉塞が生じるか否か、その閉塞がKさんに心肺停止をもたらすまで継続するか否かを、厳密かつ丁寧に検討し、（一）Kさんには窒息につながるような摂食嚥下障害がなかった、（二）Kさんが食べたドーナツに窒息につながるような危険な物性がなかった、（三）Kさんに気道の閉塞が生じなかった、などとする鑑定意見を述べたことに言及した。そして、気道の部位ごとに組織の形状は大きく異なり、広いか狭いか、異物が溜まりやすいか流れ落ちやすいか、異物が流入しやすいか否か、など、気道の部位ごとに条件が異なるから、異物による気道閉塞を検討する場合には、その部位ごとに検討しなければならない、としたうえで、検察側の立証の問題点を次のように指摘した。

この点、検察官は、公訴事実では「口腔内若しくは気道内異物により窒息するおそれがあったところ……」などとして、閉塞した気道の部位を特定しない。また、検察官は、論告においては、気道のどの部位を閉塞させたのか特定せず、ドーナツがどのように閉塞させたのかを明示せず、全く立証していない。（中略）これが検察官の立証の根本的かつ最大の誤りである。検察官には、本件において、気道のどの部位を、ドーナツがどのように閉塞させたのか、全くわからないのである。そのような証明で、「気道の閉塞」について厳格な証明がなされたと認めることは、到底できない。

また、Kさんの異変に気づいたYさんがKさんの背中を強く叩いたことで、Kさんの声門を閉塞させていたドーナツ片（指一本分）が口腔内に戻ってきて、それが救命処置に当たった職員によって口から取り出されたとする根本医師の証言について、柔らかくて崩れやすい、声帯や喉頭でつぶされたはずのドーナツ片が声門付近から口腔までの間、途中で進路を九〇度近く変え、どこの部位にも付着せず、口の外にも飛び出さず、指一本分の形のまま舌の上に乗って止まったという意味だとして、それを「まるで奇術」「荒唐無稽」「人体の組織構造や解剖学、科学法則を無視した推論」と手厳しく批判した。

弁護側はこのように、検察側の「窒息説」に疑問を投げかけたうえで、Kさんの心肺停止の原因は脳梗塞であると考えることが最も合理的である、と主張した。弁護側が示した、脳梗塞または一時的な脳虚血（脳梗塞に至らない一時的な塞栓症）から意識消失・心停止に至った流れは以下のとおりである。


一．心臓などで形成された血栓がはがれて移動し、脳底動脈を一時的にふさいだことで、呼吸中枢や意識中枢がある延髄が虚血状態になり、呼吸中枢、意識中枢の一時的な機能障害が瞬時に生じた。

二．意識中枢の機能障害により、意識を失った。

三．呼吸中枢の機能障害により、呼吸が停止し、呼吸停止により低酸素状態となり、その後、心拍が停止した。

四．延髄を虚血状態にさせた血栓が崩れて流れ、塞栓がなくなった。

五．崩れて流れた血栓が脳底動脈の先の細い血管を塞ぎ、脳底動脈先端部症候群となり、中脳及び両側視床の脳梗塞を起こした。


弁護側は「脳梗塞で突然の心停止が起きた」とする主張の根拠として、脳梗塞が原因で、突然、心停止した症例を報告した海外の研究者による論文を証拠として提出しており、最終弁論では、この論文に基づき、「脳の部位によらず（延髄に限定せず）、いずれの部位の梗塞によっても、突然の心停止に至る」と指摘した。

捜査と起訴判断に対する批判

弁護側は警察の捜査について「杜撰極まりない」、検察の起訴判断について「まともな事実調査も法的検討もなしに行なわれた」ものである、と主張した。

警察の捜査に関しては、（一）Kさんに異変が起きた日の食堂に一七人の利用者が九つのテーブルに分かれていたこと、（二）嚥下障害のある二人の食事全介助者がいたこと、（三）さまざまな問題のある要注意の利用者が少なくとも八人いたこと、（四）Kさんは食事が自立で嚥下機能に問題がなかったこと、などを警察が把握していなかったと述べたうえで、警察が異変発生場所の「点」のみを現場検証の対象とし、Yさんや介護職員の食堂内での動きについてまったく関心がなかったと批判した。さらに、警察がKさんの異変の原因が本当に「窒息」だったのか否かに関する医学的・科学的な検討を行わず、「窒息」を前提としたあずみの里の職員らによる「振り返り」と「再発防止策の検討」を客観的な検証や検討もないまま確たる「事実」として「業務上過失致死事件」の証拠としたことについて、「捜査機関の姿勢としてあってはならないこと」と指摘した。

検察庁についても警察と同様、「窒息」であったか否かの医学的・科学的検討をまったく行っていなかったとし、「警察のずさんな事実把握と過失についての組み立てを、そっくり無批判に引き継いで本件起訴をした」と述べた。さらに、Kさんの動静を注視する義務がいつから発生するのかという、事件の核心についての弁護側の釈明要求に一年以上も答えられなかったのは、検察官が

「（おやつの配膳からKさんの急変に至るまでの食堂内の状況に関する）事実を把握できていなかった」ことを示していると指摘し、もともとの主張（主位的訴因）を二度変更し、さらに追加の主張（予備的訴因）まで行い、それを裁判所が認めたことを批判した。

前述したように、論告の中で検察側はYさんの酌むべき情状として、「看護師・准看護師の人員不足等の施設側の体制の問題にも遠因がある」と述べていた。これに弁護側は強く反発した。最終弁論で、「介護現場の物的人的な条件が行政に起因している普遍的な事実であり、施設関係者の責任など到底問えないことを百も承知でありながら臆面もなく上記の主張をすることは、公益の代表者の立場を投げ捨て、行政のいたらなさを糊塗する代弁者を演じることになる。人的物的な悪条件の事実と国内における普遍性についての立証活動に反対しながら、自らは証拠に基づかないで、施設に責任を押しつけるがごとき弁論を展開するのは、信義にもとること甚だしい」と厳しく批判した。

弁護側は最終弁論の末尾で、Yさんが有罪判決を受けるようなことがあれば介護現場の萎縮と介護の仕事に就く人の激減を招く恐れがあることを指摘し、「この事件には、介護の未来がかかっている。裁判所は、判決でそれに応える義務がある」と述べ、Yさんの無罪を主張した。

「窒息」を認定した裁判所

一審の判決公判が開かれたのは、第一回公判から四年近く経った二〇一九年三月二五日である。

長野地裁松本支部（野澤晃一裁判長）がYさんに言い渡した判決は罰金二〇万円の有罪判決で、検察側の求刑どおりであった。

この事件で長野地検松本支部が主張したYさんの犯罪事実（＝訴因）は、（一）Kさんにおやつを提供してからKさんの食事中の動静を注視する義務を怠ったこと（主位的訴因）、（二）ゼリー系を提供するように変更されていたKさんのおやつの形態変更を確認せずに、Kさんにドーナツを提供したこと（予備的訴因）――の二つであった。裁判所は、このうち主位的訴因（＝注視義務違反）の過失は認めず、予備的訴因（＝おやつの形態変更確認義務違反）の過失が認められると判断した。検察側、弁護側双方の主張が真っ向から対立した刑事裁判で、裁判所はいかなる事実認定を行い、Yさんに過失があったと判断したのだろうか。

まずは、第一の争点である死因についての判断を見ていく。

裁判所はKさんの心肺停止の原因は窒息であったと判断した。そう判断するうえで依拠したのは、検察側証人として「心肺停止の原因は窒息」との意見を述べた埼玉医科大学教授の根本学医師の証言である。根本医師が「窒息」と判断した根拠として挙げたのは、（一）Kさんの異変に気づいたYさんを含む施設職員などが窒息を疑い適切な処置をしている、（二）Kさんの声門付近でドーナツの残渣が発見された、（三）Kさんの口腔内からドーナツを取り出したところ呼吸が再開した、（四）Kさんがアルツハイマー型の認知症であり、食物をかきこむ癖を有していた――ことなどだった。

判決によれば、裁判所は、Kさんに嚥下障害はないと認定する一方で、認知症などの影響で食物を丸飲みにしてしまう傾向があったことと、歯がなく義歯も使っていなかったため食物を口の中で小分けにする能力に問題があったことを「窒息の可能性を高める事実」と判断した。また、このドーナツの物性が食品メーカー作成のユニバーサルデザインフード区分表で「容易にかめる」に分類されていることなどを理由に、食物を口の中で細かくする能力に問題があったKさんにとっては「食べる際に細かくすることができずに口腔ないし気管を閉塞して、窒息を生じる可能性がある食物である」とみなした。

裁判所は、Kさんに対する救命処置の経過も「窒息」と認定した根拠に挙げた。判決はその点を次のように記している。

被害者は、窒息の危険のあるドーナツを摂取した直後に呼吸停止、末梢チアノーゼが生じた状態で発見され、被告人らが被害者の背中を強く複数回叩き（背部叩打法）、口腔内からドーナツ片を取り出し、心臓マッサージ、酸素吸入をしたところ、一度息を吐き出し、末梢チアノーゼが回復しており、これは、ドーナツが被害者の口腔内ないし気管内を閉塞し窒息が生じ、それが取り除かれ、空気の通り道ができたと考えることと整合するものである（なお、根本医師は、この時取り出されたドーナツ片が指1本分であり、これが取り出された時に呼吸が再開したとして、窒息があったとの理由の一つとしているが、この時に呼吸の再開があったとまでは認められず、また、当裁判所の判断としては、その後に取り出されたドーナツ片も合わせて窒息の原因となった可能性があるものと判断している。）。

裁判所は、こうした「窒息と整合する事実経過」を挙げる一方で、「窒息以外が原因である可能性は極めて低い」と断定した。その理由はいかなるものだったのか。

弁護側は、咳嗽反射による咳き込みや窒息サイン（窒息が生じたことを他人に知らせるため、自分ののどを親指と人差し指でつかむこと）など、Kさんに窒息を知らせる行動がみられなかったことによって窒息が生じていないと推認できる、と主張してきた。この主張に対し、裁判所は、（一）高齢者の場合は感覚の鈍化や、運動機能の低下により誤嚥しても咳嗽反射が起きないことがあるとされており、咳嗽反射が生じなかったとしても不自然ではない、（二）短時間で意識消失に至ったと考えられることなどから、仮に窒息サインなどがあっても周囲がそれに気づかなかった可能性は十分ある、として、弁護側の指摘は「窒息を否定するものではない」との解釈を示した。

自施設で調べた八六の窒息症例の中には窒息サインなどが確認されなかった症例がある、との根本医師の証言については、「判断根拠となった資料がどのようなものか、窒息サインの有無に着目した調査がなされたものなのか明らかではなく、これに依拠することはできない」と、その信用性を否定した。

ドーナツの物性についての「ぼろぼろで崩れやすく、凝集性が低いため、声帯の開閉で容易に切断されることなどから声門を閉塞することはできない」とする弁護側の主張に対して裁判所は、（一）ドーナツの凝集性は嚥下困難者用食品許可基準を満たしているが、同基準を満たせば窒息が生じないというものではない、（二）Yさんや救急隊員らがKさんの口腔内などから取り出したドーナツ片を合わせると相当な量となることから、声門等を閉塞し、声門の随意運動などによっても閉塞を維持し得るものと考えられる、と述べた。しかし、こうした独自の解釈、判断をした具体的な根拠は示さなかった。

検察側証人に依拠して「脳梗塞説」を否定

Kさんの心肺停止の原因は窒息ではなく、脳梗塞の可能性が高い、とする弁護側の主張について裁判所は、主に検察側の証人である根本医師の証言に依拠して退けた。

弁護側の主張は、主として弁護側証人の福村直毅医師の証言に基づくものだった。福村医師の証言は、（一）脳底動脈が血栓によって一時的に塞がれ、延髄が虚血となって呼吸中枢、意識中枢の一時的な機能障害が生じた、（二）それによって意識を消失し、呼吸停止によって低酸素状態となり、その後心拍が停止した、（三）延髄を虚血状態にさせた血栓が崩れて流れて塞栓がなくなり、その先の細い血管を塞ぎ、脳底動脈先端部症候群になった、というものだった。

福村医師は証言に先立って作成した「鑑定書2」（二〇一八年五月二四日付）において、脳梗塞でいったん塞がった血管が再開通した症例に関する論文を参考資料の一つとして挙げていた。その論文は、北海道大学脳神経外科の寳金清博医師らが一九八七年の日本脳神経外科学会機関誌に発表した「脳梗塞急性期における動脈再開通の検討」である。この論文によると、一九八三年八月から一九八五年一二月までの二年四カ月間に急性期虚血性脳血管障害で入院し、脳血管撮影が行われた患者一八六例のうち、初回の脳血管撮影で八五例に動脈閉塞が認められた。そのうち四一例に対して経時的な脳血管撮影を行った結果、一八例（四四％）で閉塞した動脈の再開通が見られた。

検察側は福村医師の証言（二〇一八年六月二五日の第一八回公判）の約一カ月後、寶金医師らの論文を証拠請求した。同論文中には、再開通の時期について、「塞栓性閉塞の再開通については、一般にその時期は一様ではなく、閉塞後きわめて早期に起こるものと、我々の対象例のごとく1週以内4日前後に生ずるものとがありうると考えられる。前者の型の再開通は、脳血管撮影の時点ですでに再開通が終了していることが多く、臨床的にこの再開通を確認することはまれであろうと思われる」との記載があった。検察側は論告において、この記載部分の一部を引用しながら、「この論文は、『脳梗塞が生じてから1週間以内4日前後に生じたもの』を対象例として検討したものであり、福村が本件で想定しているような発症当日に再開通が生じた症例を対象としておらず、福村の意見を根拠づける論文としては不適当である」と主張した。

検察側証人として出廷した根本医師は、いきなり詰まって呼吸停止、心停止に至るような太い血管が血栓によって詰まり、それが短時間のうちに溶けて流れ去る可能性はほとんどない、と証言した。

このように、脳梗塞の再開通をめぐる検察側、弁護側双方の主張は真っ向から対立していたが、長野地裁松本支部は、寶金医師らの論文に、再開通が平均4・1病日に確認された、との記述があることを捉え、「論文は平均的な再開通の時期を約4日とするものであり、また、文献記載の症例における脳梗塞による症状の程度についても明らかではなく、意識消失に至るほどの脳梗塞の場合においても短時間での再開通があり得ることを示すものではない」との解釈を示した。そのうえで、この論文が根本医師の証言と「矛盾する知見を示すものではないといい得る」と判断し、Kさんが脳梗塞発症後短時間で再開通したとの見方を退けた。

このほか、弁護側が脳梗塞の大きな拠り所とした、死後に松本協立病院で撮影された頭部CT画像についても、裁判所は「脳梗塞が原因であることを積極的に裏付けるものとはいえない」と判断した。裁判所が判断の根拠としたのは、撮影当時、松本協立病院の放射線科医が作成したCT検査報告書だった。その報告書には、「両大脳の皮質、縁取るような高濃度域が散見されます。低酸素脳症などによる変化が疑われ、原因よりは結果と思われます。両視床より中脳背側に低濃度域あり、左右対称ですので、原因よりは結果と思われますが、一応、脳底動脈の閉塞であれば、このような梗塞もあり得ます」と書かれていた。この記載内容は、弁護側証人の福村直毅医師に対する尋問の際、検察官が明らかにした。

「脳底動脈の閉塞であれば、このような梗塞もあり得ます」との記載は、弁護側の主張を裏づける見解とも言えるが、「窒息説」を唱えた検察側証人の根本医師は、CT検査報告書にあった「原因よりは結果と思われます」という記載を捉え、CT画像に写った脳梗塞の痕跡は、心肺停止の原因ではなく、急変から死亡までの間に呼吸が弱まっていった結果として生じたものとの見解を、公判で次のように述べていた。

「これは、書いてあるとおり、原因というよりは結果というふうに記載されています。呼吸停止を起こされてからお亡くなりになるまで36日間という経過がございますし、当初、しっかりしていた自発呼吸がだんだんだんだん弱くなってきて、その後、人工呼吸に完全に依存するというような状況になってるところを考えますと、この読影をされた先生の原因よりは結果ということで脳底動脈に小さな梗塞像が見られるというような記載があっても、これはおかしくないと思います」

検察側はこの根本医師の証言をもとに、入院中に人工呼吸に依存するようになったために、脳底動脈に小さな梗塞が生じたと考えるのが自然、との主張を展開した。

裁判所はそうした検察側の主張を認め、CT検査報告書に記された放射線科医の見解について、「その記載ぶりからは、これ（※筆者注＝脳梗塞）が心停止の原因である可能性は低いものと見ていることがうかがわれる」と判決の中で述べた。

このようにして裁判所は弁護側の指摘や主張を退け、「被害者の心肺停止状態の原因が窒息によるものであることを示す諸事情のある中で、これが脳梗塞であるとの合理的な疑いは残らない」「被害者が心肺停止状態に陥った原因は、本件ドーナツによる窒息を原因とするものであると認められる」と断定した。

誤配膳による死亡は「予見できた」との判断

次に、Yさんの過失の有無について裁判所がどう判断したのかを見ていく。

すでに述べたように、検察側はKさんの食事中の動静を注視する義務を怠ったこと（主位的訴因）と、ゼリー系のおやつへの変更を確認せずにKさんにドーナツを提供したこと（予備的訴因）――の二つを、Yさんの過失であると主張していた。

弁護側はあずみの里の会議記録を根拠に、Kさんのおやつをゼリー系に変更したのはKさんの嘔吐に対応したもので、窒息の防止のためではなかったと主張してきたが、裁判所は、Kさんが心肺停止で救急搬送された後に「窒息」を前提に職員が再発防止策を話し合った会議の報告書の記載内容を基に、「間食の形態変更は、嘔吐への対応がその理由の一つであったとしても、窒息などの危険への対応も理由の一つであったと認められる」との判断を示した。そして、Yさんには、Kさんがドーナツを食べることで窒息が生じる危険性があることを予見することは可能であったとした。

その一方で裁判所は、Kさんが入所以来、ドーナツを含む常食系のおやつを食べていたことや、嚥下障害が確認されていなかったことを理由に、「窒息の危険が高かったとまでいうことはできない」と判断した。そして、全面的な食事介助が必要な利用者に対しスプーンでゼリーを食べさせ、一口ずつ飲み込むまで確認していたYさんが、同時に他の利用者の動向を注視することは相当程度困難であったなどとして、主位的訴因については検察側の主張を退けた。

では、予備的訴因について裁判所はどう判断したのか。

まず、ゼリー系のおやつを提供することになっていた利用者に常食系のおやつを提供した場合、誤嚥や窒息などによって利用者が死亡する結果をYさんは十分予見できたと判断した。その理由として裁判所は、（一）特別養護老人ホームの利用者には様々な身体機能を有する者がおり、身体機能等によっては配膳するおやつの形態により誤嚥や窒息等により生命、身体に危険が生じる可能性があること、（二）本件施設において食事の形態は利用者の身体機能等により決定されていたこと、（三）本件施設の利用者の身体機能等は変化することがあり、それに応じておやつを含む食事の形態が変更される可能性があること、を挙げた。

そのうえで裁判所は、Kさんのおやつを常食系からゼリー系に変更することが記載された書面（申し送り・利用者チェック表）をYさんがチェックすべきであったか否かを検討した。

准看護師であったYさんは二〇一三年一二月四日に遅番で介護勤務に入った後、Kさんが心肺停止になる同年一二月一二日まで看護業務はあったものの、介護勤務の日はなく、Kさんのおやつの形態変更に関する申し送りは受けていなかった。Kさんのおやつの変更について記載した同年一二月五日付の申し送り・利用者チェック表も見ていなかった。

裁判所は、介護士から看護師への日々の申し送りは申し送り・利用者チェック表に基づいて行われていたとして、少なくともこのチェック表については、「看護師において勤務に当たる際に確認を求められていたというべきであり、その義務が認められる」と判断し、Yさんにはその義務を怠った過失があると認定した。

7章

却下された意見書

有罪判決の波紋

一審で有罪判決を言い渡されたYさんは即日控訴した。控訴審に向けた弁護活動に触れる前に、有罪判決に対する介護現場やメディアの受け止めを紹介しよう。

前述したように、弁護側は最終弁論で、Yさんが有罪判決を受けるようなことがあれば介護現場の萎縮と介護の仕事に就く人の激減を招く恐れがあることを指摘し、「この事件には、介護の未来がかかっている。裁判所は、判決でそれに応える義務がある」と、Yさんの無罪を主張した。

事件が介護現場へ与える悪影響を心配する声は公判の開始当初から介護関係者の間にあり、それがYさんを支援する広範な活動へとつながっていった。第二回公判が開かれた二〇一五年九月二日、「特養あずみの里業務上過失致死事件裁判で無罪を勝ち取る会」が発足し、公判の傍聴や支援集会・学習会の開催、署名活動などを展開した。あずみの里が加盟する長野県民主医療機関連合会

（長野県民医連）など都道府県民医連の連合会である全日本民医連によると、最終的には個人約二五〇〇人と約四四〇団体が「勝ち取る会」に参加した。

署名活動は第一回公判から約一年三カ月後の二〇一六年七月を皮切りに、訴因の変更、追加が行われた後の二〇一七年四月以降と、長野地裁松本支部がYさんに有罪判決を言い渡した後の二〇一九年六月以降の三次にわたって行われ、長野地裁松本支部に約四五万筆、東京高裁に約二八万筆の署名を提出した。

最初の署名活動で用いられた長野地裁松本支部裁判長宛ての「無罪を求める要請書」には、「現在、介護保険制度の度重なる改定によって、介護現場では職員の人材の確保が非常に大変な状況になっています。本件を有罪にすることになれば、介護職員はますます職場を離れ、介護の現場に混乱が持ち込まれ、本来あるべき人間の尊厳を守る介護ができなくなります」と記されていた。同じく二回目の署名活動に用いられた裁判長宛ての要請書は、ドーナツを配膳したこと自体を過失とした予備的訴因の追加について、「あまりにも介護現場の実態を無視した乱暴きわまりないものです。これを犯罪だとは決して認められません」としたうえで、有罪判決が出れば、「日本の介護が崩壊してしまうと危惧します」と訴えるものだった。

東京高裁に宛てた「控訴審で無罪を求める要請書」には次のように書かれていた。

全国各地からも「この判決はひどい」「これでは恐ろしく介護が続けられない」「人員不足に拍車がかかる」「人生の最後まで生きがいをもって好きなものを食べてもらいたいが制限せざ

るをえなくなる」という声が上がっています。判決を受けておやつの提供を中止した施設も実際に出てきています。施設で何か起きた時に、たまたまおやつを配り、隣にいた職員が刑事罰を受けてしまっていいのでしょうか。

この裁判は、わが国の介護の未来がかかった重大な裁判になっています。第1審判決が確定するようなことがあれば、ますます介護の現場は委縮し、尊厳ある介護は困難になるでしょう。

貴裁判所におかれましては、証拠と事実を慎重に検討された上で、無罪判決を出されるよう要請します。

メディアも一審判決に疑問を投げかけた。

あずみの里がある長野県の地元紙である信濃毎日新聞は判決翌日の二〇一九年三月二六日付朝刊に「特養の死亡事故　職員だけの責任なのか」と題する社説を掲載した。

その社説は「どの施設でも起こり得る事故が職員個々の刑事罰につながれば、関係者は委縮し、ただでさえ足りない介護の担い手の確保が一層困難になりかねない」と指摘した。また、厚生労働省が公表した、特別養護老人ホームと老人保健施設の二〇一七年度の死亡事故に関する調査結果を紹介しながら、「職員に責任がないとは言えないものの、直ちに刑事罰に問うことには疑問が募る」とし、自治体で第三者の調査機関を設け、警察や検察だけに委ねない検証の仕組みをつくることを提案した。

朝日新聞も同日付朝刊の社会面で判決を大きく取り上げ、有罪判決によって「介護現場に人は集まらなくなる」と心配する介護事業者の声を伝えた。

「脳梗塞説」を補強するための証拠集め

ここからは控訴審に向けての弁護団の活動、特にKさんの死因に関してどのような立証活動を展開していったのかを見ていくことにする。東京高裁で行われる控訴審に向けて、東京、埼玉で活動する三人の弁護士が新たに弁護団に加わり、総勢一五人となった。

弁護団ではKさんの死因に関する主張を補強するため、一審判決から四カ月後の二〇一九年七月二五日、Kさんが二〇一三年一〇月にあずみの里に入所するまでの間に受診したことのある豊科病院（長野県安曇野市）、安曇野赤十字病院（同）、相澤病院（長野県松本市）のカルテやCT画像などを開示するよう東京高検に証拠開示請求し、同年八月二日に任意開示を受けた。

二〇一四年一月一六日に松本協立病院で死亡したKさんの死亡直後の頭部CT画像からは、脳底動脈先端部に発症から時間が経過した梗塞（※筆者注＝血液が流れにくくなって細胞組織が壊死した状態）があることが読み取れた。このような脳底動脈先端部に梗塞がある場合、発症後に目の動きの異常などの神経症状（典型的には「パリノー症候群」）が見られるのが通常である、とされる。

開示された複数の病院の診療記録のうち豊科病院のカルテには、Kさんがあずみの里に入所する二〇一三年一〇月二三日の前日の一〇月二二日に健康診断を受けたことが記されていた。弁護団は、Kさんの健康診断を担当した豊科病院の医師に、健診時のKさんに目の動きの異常を示す神経症状パリノー症候群が見られなかったかどうか照会し、パリノー症候群は見られなかった、との回答を得た。

入所直前の段階では、脳底動脈先端部に脳梗塞が起こった場合の典型的な症状が見られなかったという回答は、入所から約五〇日後の二〇一三年一二月一二日に脳梗塞を発症したとの弁護側の主張を補強するものだった。

弁護団はこうした作業と並行して、Kさんの心肺停止の原因などに関する意見書の作成を複数の医師に依頼した。

その一人は、一般財団法人Ａｉ情報センター代表理事の山本正二医師である。Ａｉは「Autopsy imaging」(＝死亡時画像診断)の略称で、死因究明のためにＣＴやＭＲＩなどの画像診断機器を使って遺体を調べることだ。二〇〇九年に設立されたＡｉ情報センターは、各施設で撮影された死亡時画像について、死亡時画像診断の専門家が第三者の立場で診断を行っている。

Ｋさんの死後に撮影された頭部ＣＴ画像から何が読み取れるかを尋ねた弁護側に対し、山本医師を含む四人の医師が連名で意見書を作成した。その内容は、(一)両側視床〜背側中脳という特徴的な領域の梗塞から、脳底動脈先端症候群であったと考える、(二)梗塞が二〇一三年一二月一二日よりも前に起きたものであれば、生前に何らかの神経症状が出現していたはずである、(三)脳血栓塞栓の発症時、偶然にドーナツを食べていたため、突然に誤嚥が生じたと認識されてしまったようだが、脳血栓塞栓症が先行したと考える、などというものだった。

二人目は、当時、日本医科大学大学院医学研究科救急医学分野教授で、一般社団法人日本救急医

学会の代表理事を務めたことがある横田裕行医師である。

横田医師は意見書で、Kさんの死後に撮影された頭部CT画像について、「典型的な脳底動脈先端部閉塞の画像所見である」と述べた。脳梗塞の発症時期については、Kさんが二〇一三年一二月一二日のおやつの最中にむせもせきもなく、すぐそばにいたYさんも気づかないうちに静かに意識消失していることから、「この時点で、脳底動脈先端部の閉塞による脳梗塞を発症したことが強く疑われる」とした。

三人目は、北海道大学大学院医学研究科脳神経外科学分野教授などを歴任し、当時は同大学院の特任教授であった寶金清博医師である。

前述したように、一審では、寶金医師らが一九八七年の日本脳神経外科学会機関誌に発表した「脳梗塞急性期における動脈再開通の検討」と題する論文の解釈をめぐり、検察側、弁護側双方の意見が対立した。この論文には、(一)一九八三年八月から一九八五年一二月までの二年四カ月間に急性期虚血性脳血管障害で入院し、脳血管撮影が行われた患者一八六例のうち、初回の脳血管撮影で八五例に動脈閉塞が認められた、(二)そのうち四一例に対して経時的な脳血管撮影を行った結果、一八例(四四%)で閉塞した動脈の再開通が見られた、と記述されていた。

Kさんは脳底動脈が血栓によって一時的に塞がれ、呼吸中枢、意識中枢の一時的な機能障害が生じた後、血栓が崩れて流れ血管が再開通したと主張する弁護側は、脳梗塞の再開通症例に関する寶金医師らの論文を根拠の一つとして挙げた。それに対し検察側は、この論文は脳梗塞が生じてから一週間以内四日前後に生じたものを対象例として検討したものであり、弁護側が想定しているような発症当日に再開通を生じた症例を対象としたものではないと主張した。

一審長野地裁松本支部は、論文に、再開通が平均4・1病日に確認された、との記述があることを捉え、「論文は平均的な再開通の時期を約4日とするものであり、また、文献記載の症例における脳梗塞による症状の程度についても明らかではなく、意識消失に至るほどの脳梗塞の場合においても短時間での再開通があり得ることを示すものではない」との解釈を示した。そして、Kさんが脳梗塞発症後短時間で再開通したとの弁護側の主張を退けた。

この一審判決を受け、弁護側は、この論文から「脳梗塞の再開通までに平均4日かかり、意識消失に至るほどの脳梗塞において短時間で再開通することはない」との結論を導くことは適切か否か、寶金医師の見解を求めた。

寶金医師は鑑定意見書で、論文の分析対象となった患者に対して行った脳血管撮影が患者に負担をかけるため、入院期間中に数回行うのが限度であり、患者の負担を考慮して数日おいて検査を行ったとしたうえで、論文の結論は、「閉塞血管の再開通が確認できたのが、平均4日という意味」である、と述べた。そして、「再開通は、極めて短時間で起こることも知られ、その場合には、重篤な神経症状（意識障害など）があっても、画像上は、閉塞を確認できないこともあ」る、とした。

また、寶金医師はKさんの急変の理由について、死後の頭部CT画像などを根拠に、窒息に伴う低酸素脳症、心肺停止による全脳虚血の画像としては、合理性に乏しく、脳底動脈閉塞による脳梗塞と考えるべきものと思われる、との見解を示した。

弁護側は、一審判決から約五カ月後の二〇一九年八月三〇日付で、一審判決が「客観的事実に反し、医学的・法的知見に反する間違ったものである」との主張をまとめた控訴趣意書を東京高裁に提出したのに続き、同年一二月一〇日付でこれら医師の意見書の内容を盛り込んだ「控訴趣意補充書（2）」を提出した。

遺族の意向も勘案して実施しなかった司法解剖

控訴趣意補充書（2）では、医師の意見書の内容だけでなく、弁護団の追加開示請求に対し東京高検が任意開示した捜査関係資料で判明した事実にも触れた。

弁護団が二〇一九年一〇月二三日付証拠開示請求書で東京高検に請求したのは以下のとおりである。

一．検察官が保管する証拠の一覧表の交付

二．Kさんの急変の原因について、医師、歯科医師、看護師、言語聴覚士などの専門家が作成した鑑定書、意見書、または、捜査機関が医師、歯科医師、看護師、言語聴覚士などの供述に基づき作成した供述調書、捜査報告書、電話聞取聴取報告書、その他一切の資料

三．Kさんの死亡の原因等について、医師、歯科医師、看護師、言語聴覚士などの専門家が作成した鑑定書、意見書、または、捜査機関が医師、歯科医師、看護師、言語聴覚士などの供述に基づき作成した供述調書、捜査報告書、電話聞取聴取報告書、その他一切の資料

四 Kさんの遺体解剖結果を記した書面、検死調書、その他遺体の状況を明らかにする一切の書面及び写真データ

東京高検に対する証拠開示請求書の中で弁護側は、検察側が救急医学、嚥下、看護についてそれぞれ一人ずつの専門家の証拠しか開示していないことを指摘したうえで、「捜査機関において、不十分な捜査しかなされていないのであれば、その事実は明らかにされるべきであるし、他の専門家の意見や供述がすでに聴取・保存されているのであれば、早急に開示されるべきである」とした。特に、Kさんの遺体の解剖結果については、二〇一四年一月一六日にKさんが亡くなる前から捜査が始まっていた事実を前提に、次のように指摘した。

捜査機関は、ご遺体を証拠保全しておくべきことは当然のことであった。もし、ご遺体の状況等を明らかにする資料がないとすれば、弁護側が解剖結果に基づき当然立証できた事実（脳梗塞の程度や部位、心臓等の臓器の状況、外表の状況など）について、重要証拠の保全を怠り起訴に至ったことになる。

弁護側の請求に対し、東京高検は二〇一九年一一月一一日付で長野県警の捜査員が作成した捜査報告書や実況見分調書など六点を任意開示した。開示された文書によって、長野県警が遺族の意向も勘案し、司法解剖を行わなかったことが判明した。

Kさんが亡くなった日の夜、長野県警はKさんの遺体の実況見分を行った。医師にかかっていて病死や老衰と診断された以外の死体はすべて「不自然死」で、その不自然死の死因などを調べる「検死」の実務は警察が担っている。日本では検死は、「調査」、「検視」、「実況見分」の三つの手続きに分けられている。それぞれの対象は、「調査」が明らかに犯罪によるものではないとされた死体、「検視」が犯罪による死亡か否か明らかでない変死体、「実況見分」が明らかに犯罪によるものとされた死体である。長野県警がKさんの遺体について「実況見分」を行ったことは、Kさんの死が犯罪によるもの、具体的には、あずみの里の職員から提供されたおやつをのどに詰まらせたことによる窒息死で、業務上過失致死の疑いがあると判断していたことを示す。犯罪死と判断された場合、司法解剖が実施されるのが一般的だが、長野県警はKさんの遺体の司法解剖を行わなかった。理由は不明だが、解剖をしなくても、直接死因である低酸素脳症の原因となった心肺停止の原因は「窒息」に間違いないと思い込んでいた可能性がある。

パロマ社製ガス湯沸かし器の一酸化炭素中毒事故などをきっかけに日本の死因究明制度に多くの欠陥があることが露呈し、二〇一二年六月、「死因究明等の推進に関する法律」（死因究明等推進法）と「警察等が取り扱う死体の死因又は身元の調査等に関する法律」（死因・身元調査法）が成立した。死因・身元調査法が制定されたのは、死因を究明するための解剖の重要性が認識された結果であり、「事件性なし」と判断されて司法解剖を行わない死体についても死因を調べるために警察署長の権限で解剖（調査法解剖）を行うことができるようになった。検視などでいったんは「事件性なし」と判断して調査法解剖を実施し、その後事件による死亡の疑いが出てきて司法解剖に切り替えられることもあるため、死因不明死体はできるだけ解剖を実施することが望ましいことは言うまでもない。

筆者の取材に対して警察庁が回答した、調査法解剖から司法解剖への移行件数は以下のとおりである。

二〇一三年　一件
二〇一四年　三件
二〇一五年　三件
二〇一六年　一件
二〇一七年　〇件
二〇一八年　一件
二〇一九年　一件
二〇二〇年　六件
二〇二一年　七件
二〇二二年　三件

この数字を見るだけでも、死体の外表検査を主とする検視の限界、事件捜査における解剖の重要性が理解できる。ところが、長野県警は死因・身元調査法が施行されてから九カ月後の二〇一四年一月に亡くなったKさんの遺体の解剖を行わなかった。Kさんの死亡前から捜査を始めていたにもかかわらず、何を根拠に「解剖は不要」と判断したのか、理解に苦しむところである。

弁護側は東京高検が開示した証拠などに基づき、東京高裁に提出した控訴趣意補充書（2）を次のように結んだ（Kさんと豊科病院医師の実名記載箇所は仮名とし、元号表記の後に西暦を追記した）。

平成26年（２０１４年）1月16日午後8時18分のKさんの死亡確認後、午後8時49分には松本協立病院から安曇野警察に通報され（午後9時17分から頭部CT施行）、安曇野警察署員が午後9時45分から松本協立病院内でご遺体の実況見分を行うなどしたのち、解剖による証拠保全をすることなく、荼毘に付されている。

しかし、本件は、死亡診断書作成時から上島医師が脳梗塞の可能性を指摘していたのであり（死亡診断書には「窒息」と記載されていないし、上島医師は遺族に対して死因に関する判断を避けた〈上島調書26頁〉）、死因についての解剖を行うなどして証拠保全をする必要があった。もし、司法解剖がなされていれば、脳底動脈の血管狭窄など、弁護人の主張を基礎づける所見が保全されていた可能性は極めて高い。

しかも、送検後、検察官は、主治医である上島医師の対応や、客観証拠である頭部CTの存在を知りつつも、脳梗塞の可能性を脳疾患の専門家に照会することなく、起訴に踏み切った。また、豊科病院のN医師は、Kさんが平成11年（１９９９年）に多発性脳梗塞の診断をしていたが、そのカルテは、控訴審に至るまで、検察庁に隠れていた。

被告人には、推定無罪の原則が働くため、解剖の不実施などの捜査の不手際による不利益を、被告人に負わせるのは、無罪推定の原則に反する。

近年、神奈川県立がんセンター事件（横浜地方裁判所平成25年〈2013年〉9月17日判決、判時2298号7頁）や湖東記念病院事件の再審開始決定（最高裁判所第二小法廷平成31年〈2019年〉3月18日決定）の例を上げる（原文ママ）までもなく、医療が訴訟のテーマとなる刑事事件においては、捜査段階で十分な医学的検証がなされず、結果として無罪（冤罪）となった例は枚挙にいとまがない。本件は、ドーナツ摂食中の脳梗塞による病変で、Kさんは病死であるから、すみやかに原判決を破棄して、無罪判決をされたい。

弁護側の請求証拠のほとんどを却下し、一回の審理で結審

控訴審で弁護側は、Kさんの急変に関する医師の意見書のほか、一審段階における検察側の訴因変更請求の問題点や予備的訴因（＝おやつの形態変更確認義務違反）で有罪を言い渡した一審判決の過失認定の問題点などに関する三人の刑事法学者の意見書、介護施設の食事提供と介護職員の注意義務に関する社会保障法学者の意見書の証拠調べ請求と証人申請をした。

しかし、東京高裁第六刑事部（大熊一之裁判長）はこれらの請求のほとんどを却下し、採用したのは、あずみの里入所直前のKさんが健康診断を受けた豊科病院の医師に対する照会申出書と同医師からの「（脳底動脈先端部に梗塞がある場合に典型的に見られる、目の動きの異常などの神経症状を示すパリノー症候群は見られなかった）」とする回答書のみであった。

一審判決から約一〇カ月後の二〇二〇年一月九日に行われた裁判官、検察官、弁護人の三者によ

る打ち合わせと一月三〇日の第一回公判について、控訴審の主任弁護人を務めた藤井篤弁護士は『逆転無罪——特養あずみの里刑事裁判の6年7カ月』（二〇二一年、特養あずみの里業務上過失致死事件裁判で無罪を勝ち取る会発行）に以下のように記している。

1月9日の三者打ち合わせでは、弁護人から第1回公判に向けての弁護人の方針を説明し、特に医学的所見、カルテ等に関する証拠の採用が重要であることを水谷渉弁護人から説明しました。ところが、大熊一之裁判長は再三にわたり水谷弁護人の意見を遮り、裁判所はすべての書面・証拠に目を通しているので分かっている、裁判所は因果関係について関心がないと言い切り、1月30日の進行を形式的に確認するだけで三者打ち合わせを終了させました。

この裁判長の態度から、弁護人が高裁で新たに提出した医学的所見について裁判所が採用しないのではないかと考えられたため、弁護団は裁判所の証拠決定に対する異議申立て、それを却下した場合に裁判官忌避の申立てなどをすることを準備して、1月30日の期日に臨みました。

1月30日の公判は、事前に想定した事態をさらに超えて、証拠請求却下、忌避申立簡易却下と手続きが進められました。公判の時間も1時間を予定していましたが、公判で裁判官の忌避についてやりとりをし、10分あまり休廷した時間を含めても1時間に満たない時間で終了させてしまいました。弁護人の弁論30分、検察官の弁論10分弱を除けば、実質わずか10分以内の公判手続であり、「結審する」ことと「次回期日は追って指定する」という、切り捨て御免の訴

訟指揮でした。（中略）

高裁の問答無用とも言うべき訴訟指揮を目の当たりにし、高裁の判決後は最高裁への上告、上告審の後は再審請求をしなければならないかと、弁護団は覚悟しました。

大熊裁判長が三者打ち合わせで口にしたとされる「因果関係について関心がない」という言葉は、Kさんがおやつの最中に心肺停止になった原因や死因には関心がない、ということを意味する。Kさんの急変の原因は脳梗塞の可能性が高いと主張する弁護側は、東京高裁が一審判決と同じく、心肺停止の原因を「窒息」と認定し、判決を言い渡すつもりではないかと危惧した。弁護側の主張にほとんど耳を貸さず、わずか一回の公判で結審させた東京高裁に対し、この後、二回にわたり弁論の再開を求めることになる。

新たな証拠を提出しての弁論再開申し立て

一回目の弁論再開申し立ては、判決の言い渡し期日として指定された二〇二〇年四月二三日の約三週間前の同年三月三〇日付だった。弁論再開申立書によれば、控訴審の第一回公判で弁護側が請求した医師の意見書や証人申請が東京高裁によってまったく採用されなかったことが報道されたため、弁護人のもとに多数の医師から窒息や脳梗塞に関する医学的な知見が寄せられた。そこで弁護団は、都内の保険医でつくる東京保険医協会に対し、死因検討会の開催を依頼し、結審から約一カ月半後の二〇二〇年三月一四日に検討会が行われた。検討会に参加したのは脳神経外科医、放射線科医ら計四人である。弁護団は事前に参加者にKさんのカルテや画像など記録一式を送り、当日はKさんの死後に撮影された頭部CT画像の分析を中心に、Kさんの急変の原因を検討し、一審で検察側証人として出廷し、Kさんの急変の原因は窒息であると証言した根本学医師の医学的意見について評価してもらった。

検討会で出された各医師の意見を総合すると、以下のようになる。

一．Kさんの死後の頭部CT画像はドーナツによる窒息の画像ではなく、脳底動脈先端部の梗塞である。

二．脳梗塞の発症時期はドーナツ摂取時である。

三．根本医師の意見書は誤りである。

四．頭部CT画像に関する松本協立病院の放射線科医のレポートは脳底動脈の梗塞を指摘している。

五．一審判決の「心肺停止状態の原因が窒息」という認定は誤りである。

弁論再開申立書は死因検討会に参加した各医師の意見を引用している。

筑波メディカルセンター病院の上村和也・脳神経外科診療部長はその意見書で、「本件の脳CTを見れば、脳外科の専門医であれば、誰しもが脳底動脈先端部還流域の梗塞を指摘すると思います」

「窒息であれば脳底動脈先端部に特に強い虚血（脳梗塞）が生じることの説明が困難です」と述べた。

脳梗塞の発症時期については、田端放射線科クリニックの横山佳明医師（元東京都立駒込病院放射線診療科医長）が意見書で、餅を喉に詰まらせた患者の餅を取り除いた自身の臨床経験に触れながら、「私が駆け付けた時は顔面も真っ黒で、暴れまくっていました。窒息なのに何もサインなく、意識がパッとなくなって、後でまわりが気付いたというのは、私自身の臨床経験ではありません。裁判記録では窒息に誰も気が付かないことがあるかのように書いてありますけど違うのではないでしょうか」と述べた。横山医師は、カテーテルを脳底動脈先端部まで持って行って風船を膨らませる耐性テストを行った際、耐性がない人は瞬時に意識を失ったという経験にも触れ、それと同じような状況である脳底動脈先端部での脳梗塞が起こった際には、「苦しむことも周囲に気づかれることもない状態になると思います」として、Kさんはドーナツを食べていたときに脳梗塞を発症したという意見を述べた。

一審で検察側証人となった根本学医師はその鑑定意見書において、「脳梗塞や脳出血による意識障害により舌根沈下が生じたと考えると、脳梗塞や脳出血では、死後に撮影された頭部CT検査で病巣部が描出されるはずであるが、死後に撮影された頭部CT検査で急激に意識障害が生じる広範囲な脳梗塞や脳出血による変化は見出せない」と述べた。この記載部分について、死因検討会に参加した医師全員が「誤りである」と指摘した。その理由は、脳底動脈先端部に梗塞が見られることと、急激な意識消失があることだった。

Kさんの死後に撮影された頭部CT画像に関する松本協立病院の放射線科医のレポート（CT検

査報告書）には、「両視床より中脳背側に低濃度域あり、左右対称ですので、原因よりは結果と思われますが、一応、脳底動脈の閉塞であれば、このような梗塞もあり得ます」と記載されていた。検察側証人の根本医師は、「原因より結果と思われます」という記載を捉え、ＣＴ画像に写った脳梗塞の痕跡は、心肺停止の原因ではなく、急変から死亡までの間に呼吸が弱まっていった結果として生じたものであるとの見解を公判で述べた。検察側は根本医師の証言をもとに、入院中に人工呼吸に依存するようになったために、脳底動脈に小さな梗塞が生じたと考えるのが自然、との主張を展開し、長野地裁松本支部も「その記載ぶりからは、これが心停止の原因である可能性は低いものと見ていることがうかがわれる」と判決の中で述べた。

「原因よりは結果と思われます」という記載を、脳梗塞を否定する根拠にした判決に対し、死因検討会に参加した横山佳明医師は意見書で、まったく正反対の見方を示した。それは、Ｋさんの主治医が窒息を念頭に置き、脳梗塞についての考慮が足りなかった可能性も考えて、脳梗塞によるものであることを直截に書き込むことを避け、遠慮気味に自らの意見（脳梗塞）を記載した、というものだった。書く必要もないことをわざわざ書いていることから、松本協立病院の放射線科医は梗塞を確信していた、と横山医師は判断した。

弁護側は死因検討会に参加した医師の意見書と検討会の模様を録画した動画、反訳などを証拠請求した。そして、弁論再開申立書において、窒息を前提とした一審判決を「フィクションに基づく判決」であると指摘し、新たな証拠に基づく審理の再開を求めた。

しかし、東京高裁は弁護側の求めに応じようとはしなかった。最初に指定された判決言い渡し期日は新型コロナウイルスの感染拡大の影響を受けて二回延期され、七月二八日となった。その間に弁護側は別の二人の医師に意見書の作成を依頼し、再び弁論再開を申し立てた。

新たに意見書を作成したのは、順天堂大学医学部脳神経外科の山本宗孝医師と高知大学医学部脳神経外科の福田仁医師である。二人の医師は、急変までの数年間と急変から死亡までの診療経過を確認したうえで、Kさんがおやつの最中に心肺停止になった原因は脳底動脈の梗塞であり、その発症はおやつのドーナツ摂取時しか考えられないと判断した。

その根拠の一つが、松本協立病院に搬送された直後から見られた動眼神経麻痺と除脳硬直という、中脳の急性障害を示す症状だった。同病院のカルテに記録されたこれらの症状から、搬送時には脳梗塞が発症していた可能性が極めて高いというのが二人の医師の意見だった。

弁護側は二〇二〇年七月二〇日付の弁論再開申立書（2）を次のように結んだ。

医学的に判断して、本件患者の死因は、突発的な脳梗塞なのである。原審では、松本協立病院の臨床所見について殆どといってよいほど検討されていない。しかしそれはある意味やむを得ないのだろう。医学的に専門的な知見であるがため、検察官も、弁護人も、そして裁判官も、常に即座に医学的真実を見抜くということは容易ではない。

しかしだからこそ、客観的見地から明白な医学的知見が見出された場合には、我々法曹は、真摯に、医学的知見と証拠を検討し、真実の死因を見つけていくべきなのである。（中略）

冤罪を生んではならない。至急、弁論を再開し、真の死因を調査すべきである。

再度の弁論再開申立書の提出から八日後の七月二八日、東京高裁で判決公判が開かれた。弁護側の証拠請求をほとんど却下し、控訴審の審理をわずか一回で結審させた大熊一之裁判長の頑なとも言える姿勢から、弁護団は「控訴棄却」を覚悟したが、最後まで粘った。判決に先立ち、弁護側七月二〇日付の弁論再開申立書の概要を説明し、以下のように、裁判所に再考を求めたのである。

裁判所に対しては、これまで、脳梗塞であることをたびたびお伝えしてまいりましたが、裁判所からは、書面を読んだということが伝えられたのみで、それ以上の反応はありませんでした。弁護人としては、本件の死因が、医学的に専門的で高度な事項であるため、脳梗塞であることをわかりやすくお伝えする工夫をしてきたつもりですが、残念ながら裁判所から、弁論再開の決定はありませんでした。

もし、万一、よく調べもせずに、自分に理解できないことは正しくないことだと、お考えならば、それは極めて不遜なことです。

もし万一、裁判所が真実究明への情熱を欠いているとすれば、これからも多くの冤罪が生み出される不幸な社会を生み出すことになると思います。速やかに弁論を再開されることを求めます。

しかし、東京高裁は弁護側の訴えに耳を傾けることはなく、弁護側の弁論再開申立てを却下した。そして、ただちにYさんに対する判決の言い渡しに移った。

8章 死因認定避けた逆転無罪判決

おやつの形態変更確認義務を認定した一審判決を批判

弁護側から見れば頑なとも言える訴訟指揮をしてきた東京高裁の大熊一之裁判長がYさんに言い渡した判決は、「一審判決破棄、無罪」だった。

東京高裁が無罪を言い渡した理由は、Yさんにはおやつがゼリー系に変更されていたことを確認すべき義務があり、それを怠ったことが過失であると一審判決が認定したことは誤りであった、というものだった。

一審判決は、利用者のおやつの形態を誤って提供した場合、特にゼリー系のおやつを提供することになっている利用者に常食（判決では「常菜」）系のおやつを提供した場合、誤嚥、窒息等により、利用者に死亡という結果が生じることは十分に予見できた、と認定した。

東京高裁は、一審判決が検討した「予見可能性」の内容は、「被害者自身に対する窒息の危険性を抽象化し」たものであり、「要するに、特別養護老人ホームには身体機能等にどのようなリスクを抱えた利用者がいるか分からないから、ゼリー系の指示に反して常菜系の間食を提供すれば、利用者の死亡という結果が起きる可能性があるというところにまで予見可能性を広げたものというほかない」と指摘した。そのうえで、次のように一審判決（原判決）を批判した。

しかし、具体的な法令等による義務（法令ないしこれが委任する命令等による義務）の存在を認識しながらその履行を怠ったなどの事情のない本件事実関係を踏まえるならば、上記のような広範かつ抽象的な予見可能性では、刑法上の注意義務としての本件結果回避義務を課すことはできない。原判決は、被告人には本件形態変更を確認する職務上の義務があったとした上で、これを法令等による義務と同視したもののように解されるが、一定の科学的知見や社会的合意を伴わない単なる職務上の義務を法令等による義務と同列に扱うのは形式的に過ぎるというべきである。本件では、被告人が間食の形態変更を確認しないまま本件ドーナツを被害者に配膳したことが過失であるとされ、この過失によって被害者に本件ドーナツによる窒息が生じ、その死亡という結果を引き起こしたことについて行為者を非難するという過失責任が問われているのであるから、被害者に対する本件ドーナツによる窒息の危険性ないしこれによる死亡の結果に対する具体的な予見可能性を検討すべきであるのに、原判決はこの点を看過している。

一審判決は、Yさんにはおやつの形態確認を怠った過失（予備的訴因）があると認定したが、東京高裁は、おやつの形態を確認しなかったことを業務上過失致死罪における過失とするためには、「遅くとも被害者に本件ドーナツを提供するまでの間に本件ドーナツによって被害者が窒息することの危険性ないしこれによって死亡する結果についての具体的予見可能性がどのような内容、程度であったかを十分に検討する必要がある」と述べた。そのうえで東京高裁はまず、Yさんがおやつの形態を確認することが職務上の義務であったか否かを検討し、「職務上の義務に反するものであったとはいえない」と判断した。その主な理由は以下のとおりである。

一．Kさんのおやつをゼリー系に変更することは、介護資料にしか記載されていなかった。原判決は、Yさんには、介護資料である「申し送り・利用者チェック表」を遡って確認する義務があったとしたが、介護職員間で情報共有をするために介護士の詰所で保管されている申し送り・利用者チェック表の記載が日勤の看護師に対する引継ぎのためのものであったとは認められない。

二．あずみの里において、日勤の看護師に対し、すでに申し送りがされた過去の日付の申し送り・利用者チェック表を確認するよう求める業務上の指示があったことを認めるに足りる証拠はない。

三．あずみの里のような特別養護老人ホームにおいて、療養棟日誌のように看護職と介護職で共有されていた文書とは別に、介護職の詰所に保管されている介護資料を看護職が自ら、しかも遡って確認することが通常行われていると認めるに足りる証拠もない。

さらに東京高裁は、（一）Kさんに提供されたドーナツによる窒息の危険性、（二）おやつの形態変更の経緯及び目的、（三）あずみの里における看護職員と介護職員が利用者の健康情報等を共有する仕組み、（四）Yさんが事前におやつの形態変更を把握していなかった事情、（五）食品提供行為が持つ意味、などを詳しく検討し、おおむね以下のように結論づけた。

Kさんは食品によっては丸飲みによる誤嚥、窒息のリスクが指摘されていたとはいえ、ドーナツはあずみの里に入所後にも食べていた通常の食品であり、ドーナツによる窒息の危険性の程度は低かった。

おやつの形態変更はあったものの、その経緯、目的に窒息の危険を回避すべき差し迫った兆候や事情があって行われたわけではなく、おやつについて窒息につながる新たな問題は生じていなかった。

看護職員と介護職員の間には各利用者の健康状態についての情報を共有する一定の仕組みがあったが、Kさんのおやつの変更はYさんの通常業務の中では容易には知り得ない程度のものとして取り扱われ、Yさんが事前におやつの形態変更を把握していなかったことが職務上の義務に反するとの認識を持つことはできなかった。

一審で主位的訴因（食事中のKさんの動静を注視する義務を怠った過失）が認められなかったことについて検察側は控訴しなかった。東京高裁はそれを理由に、「控訴審が職権判断により主位的訴因について有罪の自判をすることはでき」ない、と述べ、予備的訴因については、「被告人において、自ら被害者に提供すべき間食の形態を確認した上、これに応じた形態の間食を被害者に配膳して提供する業務上の注意義務があったとはいえず、犯罪の証明がない」ことを理由に、無罪を言い渡した。

「検討に時間を費やすのは相当でない」とされた死因

では、東京高裁は弁護側による「Kさんの心肺停止の原因（死因）は脳梗塞」との主張にどう答えを出したのだろうか。

前述したように、大熊裁判長は控訴審第一回公判を前にした三者打ち合わせの席上、「裁判所は因果関係について関心がない」と言い切ったとされる。その言葉のとおり、東京高裁は判決において、「因果関係（＝Kさんの心肺停止の原因）」を認定しなかった。その理由は、判決要旨の「結論」に、以下のように簡単に記されている（元号表記の後の西暦と傍線は筆者による）。

弁護人は、被害者が喉頭ないし気管内閉塞による窒息に起因する心肺停止状態に陥ったことについて重大な疑義があると主張し、詳細な主張立証を尽くす努力をしたが、平成26年（2014年）12月に本件公訴が提起されてから既に5年以上が経過し、現時点では控訴審の段階に至っている上、有罪の判断を下した原判決には判決に影響を及ぼすことが明らかな前記事実誤認がある以上、上記疑義や他の控訴趣意についての検討に時間を費やすのは相当ではなく、速やかに原判決を破棄すべきである。

傍線部にある「上記疑義」は弁護側の「Kさんの心肺停止の原因は脳梗塞」との主張を指すが、心肺停止の原因（死因）とともに「検討に時間を費やすのは相当ではなく」とされた「他の控訴趣意」というのは、長野地裁松本支部が検察側請求の主位的訴因変更と予備的訴因の追加を許可したことは訴訟手続きの法令違反に当たる、と主張していたことを指している。

すでに述べたように、一審において検察側は二度にわたり、Yさんの過失であるとの自らの主張（訴因）の変更を裁判所に請求した。弁護側は変更を許可しないよう裁判所に求め、二度とも最高裁への特別抗告をして争ったが、いずれも最終的に裁判所が検察側の請求を許可した。二度にわたる訴因変更について弁護側は、迅速な裁判を受ける権利などを侵害するもので、訴訟手続きに違法があるとの一審段階の主張を控訴趣意書にも盛り込んだ。

訴因変更について東京高裁は、判決要旨の末尾で、以下のようにわずかに触れている。

予備的訴因については（なお、原審がその追加請求を許可したことに違法があるとはいえない。）、本件の事実関係の下では、被告人において、自ら被害者に提供すべき間食の形態を確認した上、これに応じた形態の間食を被害者に配膳して提供する業務上の注意義務があったとはいえず、犯罪の証明がないことになるから、被告人に対し本件公訴事実につき無罪の言渡しをすることとする。

予備的訴因の追加を許可したことは違法ではないとの結論だけ、（　）内に記して、その理由はまったく説明していない。

死因認定避けた高裁に「遺憾の意」を表した弁護団声明

判決後、Yさんの弁護団は参議院議員会館内の会議室で報告集会を開いた。判決を受けて出した声明の中で弁護団は、「控訴審判決が、女性は嚥下障害がなく、ドーナツによって窒息することは、予見することは出来ず、被告にはおやつ形態確認義務はないとして過失を否定し、無罪判決を言渡したことは、事実を正しく認定し、過失の有無についての法的判断も正しくなされたものと評価することができる」としたが、Kさんの死因に関する弁護側の主張を一顧だにせず、判決で死因を認定しなかったことは問題であるとの認識を示した。弁護団の声明はこの点について、以下のように述べている。

ただ、控訴審が、意識喪失・死亡原因について、弁護人から証拠提出された脳神経外科専門医の意見書をすべて却下し、取り調べをしなかったことは、事案の真相を明らかにする責務を負った裁判所のあり方として、弁護人は遺憾の意を表するものである。

報告集会で木嶋日出夫弁護団長は、東京高裁が死因に踏み込まなかったことについて、Yさんは納得しないかもしれないと断ったうえで、判決を言い渡す際の裁判長の（時間を費やすのは相当ではないという）弁明には早く終結してYさんを解放したいという思いが示されていると解説し、「私は是とはしませんが、死因論に入り込まなかった理由は分かった」と述べた。

捜査が始まった二〇一四年一月から六年半もの間、被疑者・被告人の立場にあったYさんは集会で、「長い間支えてくれて、本当にありがとうございました」と感謝の言葉を述べた。

高裁判決から二週間後の二〇二〇年八月一一日、東京高検は上告断念を発表し、Yさんの無罪が確定した。八月一二日付朝日新聞朝刊の「准看護師　無罪確定へ」という見出しの記事は、「判決内容を十分に検討したが、適法な上告理由が見いだせなかった」とする久木元伸・東京高検次席検事のコメントを伝えた。

署名活動などを通じてYさんの裁判を支援してきた「特養あずみの里業務上過失致死事件裁判で無罪を勝ち取る会」と、全日本民主医療機関連合会、全国保険医団体連合会、日本医療労働組合連合会、日本国民救援会は無罪判決確定にあたって出した共同声明で、次のように警察、検察、一審裁判所を強く批判した。

ここに至るまでの、Kさん存命中から執行された長野県警捜査第1課のずさんな捜査と、司法解剖すらされていないにも関わらず、それを鵜呑みにし「致死」で起訴した検察、そして罪となる範囲を広げた2度の訴因変更を認め、あきらかな事実誤認に基づく不当な有罪判決を言い渡した長野地裁松本支部に対し、改めて強く抗議する。

同声明はこれとは対照的に、東京高裁判決については「司法の良心が示された」と高く評価した。その理由は、東京高裁が以下のように、食品提供の意義を認めたからだった。

間食を含めて食事は、人の健康や身体活動を維持するためだけでなく精神的な満足感や安らぎを得るために有用かつ重要であることから、その人の身体的リスク等に応じて幅広く様々な食物を摂取することは人にとって有用かつ必要である。したがって、餅等のように窒息の危険性が特に高い食品の提供は除くとしても、食品の提供は、身体に対する侵襲である手術や副作用が常に懸念される医薬品の投与等の医療行為とは基本的に大きく異なる。

9章 検証と情報開示への抵抗

「死因を詳しく調べなくても起訴にもっていける」理不尽さ

本書では、あずみの里事件の捜査や公判に対する弁護側の疑問を何度か紹介してきたが、筆者自身も、この事件の捜査の問題点、特に死因究明がなぜ不徹底だったのかという疑問を抱いた。それと同時に、無罪確定事件を検証する必要性を感じたので、その点について捜査当局や裁判官に取材を試みた。ここからは、その取材過程と結果を報告したい。

Kさんの心肺停止の原因は脳梗塞の可能性が高いとしてYさんの無罪を主張した弁護側は控訴審で、脳神経外科の専門医らの意見書を証拠請求し、Kさんの死因をしっかり調べるよう、東京高裁に求めた。しかし、東京高裁は弁護側が証拠請求した意見書のほとんどを却下し、一回の審理で公判を結審させた。弁護側の二度にわたる弁論再開申し立てにも応じなかった。二〇二〇年七月二八日、東京高裁は一審判決を破棄し、Yさんには提供すべきおやつの形態を確認する注意義務があったとは言えないという理由で無罪を言い渡した。だが、大きな争点だった死因については認定せず、ドーナツをのどに詰まらせたことによる窒息（＝事故死）なのか、脳梗塞（＝病死）なのかを曖昧にしたままだった。

公判の間も「あずみの里」で働き続けてきたYさんは、無罪が確定してから約一年後の二〇二一年七月に出版された記録集『逆転無罪――特養あずみの里刑事裁判の6年7カ月』（特養あずみの里業務上過失致死事件裁判で無罪を勝ち取る会発行）への寄稿で、仕事を失うのではないかと不安を抱えていたことや、「被告人」と称されるたびにいたたまれない気持ちになっていたことなどを振り返りながら、支援してくれた人たちへの感謝の言葉を述べた。

この記録集が出版される直前、Yさんは筆者の取材に応じた。裁判でKさんの死因が大きな争点になったことや、Kさんの解剖が行われていなかったことをどう受け止めているか尋ねると、Yさんは次のように答えた。

　解剖して死因を詳しく調べなくても起訴にもっていける、そんな理不尽なことがまかり通るのだということを自分の裁判を通して知りました。そういうことが正されていかないと、自分のような辛い思いをする人がまた出るのではないかと心配しています。警察、検察は同じ過ちを繰り返さないようにしてほしいです。

解剖を実施しなかった理由を説明しない長野県警

長野県警は死因・身元調査法が施行されてから九カ月後の二〇一四年一月に亡くなったKさんの遺体の解剖を行わなかった。Kさんの死亡前から捜査を始めていたにもかかわらず、何を根拠に「解剖は不要」と判断したのだろうか。筆者は二〇二一年八月、長野県警に対し書面で取材を申し入れた。取材依頼文に記した質問の概要は以下のとおりである。

一. Kさんが「あずみの里」でのおやつの最中に意識を失い、心肺停止状態となって松本協立病院に救急搬送された情報をいつ、どのような経緯で把握したか。
二. Kさんの遺体をどのように調べたか。
三. Kさんの遺体に対し、司法解剖もしくは死因・身元調査法に基づく解剖を行うことを検討したか否か。
四. Kさんの遺体に対し、司法解剖や死因・身元調査法に基づく解剖を実施しなかった理由、不要と判断した理由は何か。
五. Kさんの遺体の解剖の要否に関して検察庁と協議したか否か、協議したのであれば検察庁からいかなる意見が出たか、協議していないのであればその理由は何か。
六. Kさんの治療医がKさんの死後に頭部CT画像を撮影した事実をいつ、どのような経緯で把握したか。

七．捜査の過程で、Kさんの死後の頭部CT画像について「死亡時画像診断」を専門とする医師や脳神経外科医に読影を依頼し、意見を求めたか。意見を求めているのであれば、専門分野ごとの人数とそれぞれの医師の所属先、各医師の意見の概要を、意見を求めていないのであれば、その理由を教えてほしい。

八．「あずみの里事件」で長野県警もしくは警察庁が「警察捜査の問題点」を自ら検証しているか否か。検証しているのであれば、その結果を、検証していないのであれば、その理由を教えてほしい。


この取材依頼に対し、長野県警刑事部捜査第一課検視官室は二〇二一年九月九日付の文書で「お尋ねについては、個別の事件に関する事柄であり、回答は差し控えさせていただきます」と回答した。

取材依頼文を返送してきた長野地検

筆者は長野県警への取材申し込みと同時に、長野地方検察庁の古谷伸彦検事正（当時）にも取材を申し入れた。

取材依頼文に記した質問の概要は以下のとおりである。

一．Kさんの死亡前から捜査を始めていた長野県警はKさんの遺体の司法解剖や死因・身元調査法に基づく解剖を実施しなかったが、司法解剖等の要否について長野県警から長野地検に相談があったか否か。もし相談があったとしたら、長野県警に対しどのような指示、助言をしたか。

二．長野県警から司法解剖等の要否について相談を受けたものの長野地検として「解剖は不要」と判断したのであれば、その理由は何か。

三．長野地検として埼玉医科大学国際医療センター救命救急センター長の根本学教授に鑑定を依頼した理由は何か。

四．長野地検としてYさんを起訴するか否かを判断するにあたって、信州大学の救急部門の医師や、同じく信州大学の嚥下障害に詳しい医師に意見を聴いたか否か。

五．Kさんの治療医はKさんの死後、頭部のCT画像を撮影しているが、長野地検としてYさんを起訴するか否かを判断するにあたって、上記CT画像について「死亡時画像診断」を専門とする医師や脳神経外科医に読影を依頼し、意見を求めているか否か。意見を求めているのであれば、依頼した医師の専門分野ごとの人数と所属先、各医師の意見の概要を教えてほしい。意見を求めていないのであれば、その理由を教えてほしい。

六．現時点で振り返ってみて、長野県警、長野地検によるKさんの死因確認は十分であったと考えるか。理由も含めて、見解を示してほしい。

七．一審の有罪判決を破棄し、Yさんに無罪を言い渡した東京高裁の判決を、Yさんを起訴した長野地検はどのように受け止めたか教えてほしい。

八．「あずみの里事件」は全国の介護現場に大きな衝撃を与え、Yさんの起訴と一審有罪判決が介護現場で高齢者を支える職員の萎縮を招き、職員が刑事責任を問われないよう安全を重視するあまり、高齢者の食の楽しみが奪われるような状況が生まれたとも言われている。このような事態を招いたことについて、起訴を判断した長野地検のトップとしてどのように受け止めているか。起訴が適正であったか否かも含め、見解を示してほしい。

九．長野地裁松本支部における一審において、検察官は二度にわたって訴因変更を請求した。最終的には裁判所から許可されたが、審理が進んだ段階での訴因変更は被告の防御権の行使を妨げ、迅速な裁判を受ける権利に反するものであるとして、弁護団だけでなく刑事法の専門家からも批判や疑問の声が上がった。なぜ二度も訴因変更が必要になったのか、その理由を教えてほしい。「あずみの里事件」の捜査が行われていた二〇一四年は、大阪地検の証拠改ざん事件を機に、法務大臣から捜査・公判の在り方の見直しについて諮問を受けた法制審議会「新時代の刑事司法制度特別部会」が三年余りに及ぶ議論を終え、答申をした年であり、捜査の在り方に対して社会の厳しい目が注がれていた。このような時期であるにもかかわらず、「あずみの里事件」の捜査や、Yさんの起訴を判断する際の検討が不十分だったことが、二度にわたる訴因変更請求の原因になったとは言えないか。この点についても見解を示してほしい。

一〇．Kさんの治療医は、警察で事情聴取を受けた際にKさんの心肺停止の原因として脳梗塞と心室細動について説明し、供述調書の内容を確認して署名、押印する際にはその説明内容が調書に記されていたのに、後で供述調書に記載されていないことを知り、驚いたという趣旨の証言を、一審の第一一回公判でしている。法廷で検察官から「後から調書がすり替えられたということか」と尋ねられたこの医師は「可能性はあるんじゃないかと思っている」という趣旨の証言をした。事情聴取を受けた人が署名、押印した調書の一部が後日差し替えられているかもしれないということが公開の法廷で証人の口から語られたことで、捜査の適正さに疑念を抱いた傍聴者もいたかもしれない。差し替えを防ぐためには、事情聴取をした人に供述調書のすべてのページに署名、押印をしてもらうといったやり方もありえると思うが、導入を検討される考えはあるか。

一一．「あずみの里事件」で検察庁が「捜査・公判活動の問題点」を自ら検証しているか否か、教えてほしい。検証しているのであれば、その結果を、検証していないのであれば、その理由を教えてほしい。

この取材依頼に対し、長野地検は「貴殿から送付された取材のお願いと題する書面を拝見しましたが、御要望には添いかねますので、送付された書面及び返信用封筒を返戻いたします」と記した書面（二〇二一年八月二六日付）とともに取材依頼文を返送してきた。

長野地検検事正に対する取材依頼で筆者がとくに知りたかったのは、「捜査・公判活動の問題点」を検証したか否か、という点である。最高検察庁は近年、冤罪事件の捜査の問題点を自ら検証し、その結果を公表するようになっている。「いわゆる氷見事件及び志布志事件における捜査・公判活動の問題点等について」（二〇〇七年八月）、「いわゆる足利事件における捜査・公判活動の問題点等について」（二〇一〇年四月）、「いわゆる厚労省元局長無罪事件における捜査・公判活動の問題点等について」（同年一二月）がそれに当たる（注1）。

組織内部での検証には自ずと限界があるが、過去に起きた数多くの冤罪事件から分かるように、誤って行使された場合には個人の生活と人権に取り返しのつかない打撃を与える強大な権限を持つ検察庁が、自らの過ちについて検証を行うことは重要なことであり、筆者としてはこのような取り組みは前向きに評価すべきであると考える。

検事総長への取材依頼とその回答

長野地検検事正が取材に応じなかったので、無罪が確定した事件について検察庁がどのように検証をしているかを知りたいと考え、林眞琴検事総長（当時）に取材を申し込むことにした。

取材を依頼するに当たって、最高検のホームページを閲覧すると、あずみの里事件の控訴審判決が出る直前の二〇二〇年七月一七日に検事総長に就任した林氏の挨拶が掲載されていた。その中に次のような一文があった。

「検察の使命を全うするためには、職員一人一人が、常に検察の理念に立ち返り、検察権の行使が国民の信頼という基盤に支えられていることを意識しつつ、公正誠実さ、あるいはフェアネスといった点を重視した適正な検察権の行使に努めていかなければならないと思っております」

これを読んだ筆者は、林氏への取材依頼文に「高齢者介護はこの国に住むすべての人にとって避けては通れない課題です。その高齢者介護の現場は、人材難や低賃金に苦しみながらも、介護事業者や介護従事者の懸命の努力で支えられています。そうした介護事業者や介護従事者、ひいては介護サービスを利用する高齢者に深刻な影響を与えた『あずみの里事件』で、検察庁の主張は退けられました。この際、捜査と公判の過程を検証し、その結果を社会に向かって説明し、国民が今回の事件に対して抱いている疑問や不信に答えれば、『検察権の行使』の『基盤』であると林様がおっしゃる『国民の信頼』はさらに高まると思うのですが、いかがでしょうか」と記したうえで、以下の三点を尋ねた。

一．検察庁は無罪判決が確定した事件の捜査・公判について検証し、その結果を組織全体で共有していますか。

二．検証と検証結果の共有をしているとしたら、それは無罪確定事件のすべてなのか、一部なのかを教えていただけませんか。一部であるとしたら、検証する事件の選定基準を教えてください。また、検証結果を組織全体で共有する際の方法も合わせて教えてください。検証も検証結果の共有もしていないならその理由を教えてください。

三．無罪確定事件についてその検証結果を公表する際の基準を作成していますか。作成しているならその公表基準を、作成していないならその理由を教えてください。

この取材依頼に対し、最高検から二〇二一年一〇月一四日付で、以下のような文書回答があった。

御指摘いただいているように、「職員一人一人が、常に検察の理念に立ち返り、検察権の行使が国民の信頼という基盤に支えられていることを意識しつつ、公正誠実さ、あるいはフェアネスといった点を重視した適正な検察権の行使に努めていかなければならない」という点は、検察活動の基本であるものと認識しております。また、「国民の信頼」という観点において、国民に対する説明は重要であると思っております。

さて、今般の書面においては、特定の事件の捜査・公判活動に関する疑問を示していただいております。しかしながら、具体的な事件に関する検察官の活動に関する事項、あるいは、証拠関係にわたる事柄については、事件関係者の名誉・プライバシーや今後の捜査・公判への支障等の観点から、基本的にお答えを差し控えざるを得ないことを御理解いただきたく存じます。

その上で、御質問がありました点につき言及しますと、検察庁においては、一般に、無罪判決があった場合は、当該事件における捜査・公判の問題点に関する検討を行うなどしており、必要に応じ、問題意識を共有するとともに、反省すべきところがある場合は反省し、その後の捜査・公判の教訓としております。

そうした検討や問題意識の共有は、事案の内容・性質に応じて様々な方法で行われますが、検察内部での検討状況については、当該事件の関係者のプライバシーや具体的な捜査手法等にも関わるものですので、基本的に公表することを予定しておらず、事案に応じて適切に対処しているものです。

終わりに、検察が国民の信頼という基盤に支えられる上で、どのような姿勢や感覚が必要かということについて、前向きに御指摘いただいた諸点につきましては、真摯に受け止めさせていただきます。

「無罪判決があった場合は、当該事件における捜査・公判の問題点に関する検討を行」い、「反省すべきところがある場合は反省し、その後の捜査・公判の教訓として」いるとする一方で、「検察内部での検討状況については、当該事件の関係者のプライバシーや具体的な捜査手法等にも関わる」から、「基本的に公表することを予定して」いない、という回答を読んで、以下のような疑問が浮かんだ。

氷見事件、志布志事件、足利事件、厚労省元局長無罪事件の捜査・公判活動の問題点の検証結果を公表したのはなぜなのか？

検証する無罪事件の選定、検証の実施方法、検証結果の公表範囲などについて、最高検が基準を作成しているのではないか？

こうした疑問を確かめるため、筆者は情報公開法に基づき、再審を含めて刑事裁判で無罪判決が確定し、検察庁として捜査・公判活動の問題点等について検証を行う際の対象事件の選定、検証の方法、検証結果の組織内での共有、検証結果の公表などについて定めた規程を記した文書などを開示するよう、二〇二一年一〇月に最高検に請求した。

情報公開法に基づく最高検への文書開示請求

開示請求文書には、あずみの里事件のほか、「福島県立大野病院事件」（出産時の母親の死亡をめぐり二〇〇六年に業務上過失致死罪と医師法違反で起訴された産婦人科医師に対し福島地裁が二〇〇八年に無罪を言い渡した判決が確定）、「湖東記念病院事件」（入院患者の人工呼吸器を外したとして殺人罪で有罪判決を受け服役した滋賀県内の病院の元看護助手の再審請求が認められ、二〇二〇年の大津地裁の再審無罪判決が確定）、「布川事件」（一九六七年に茨城県で発生した強盗殺人事件で服役した二人の再審請求が認められ、二〇一一年に水戸地裁土浦支部が言い渡した再審無罪判決が確定）、「東住吉事件」（一九九五年に大阪市東住吉区で放火により娘を殺害したとして殺人罪などで有罪判決を受け服役した母親と内縁の夫の再審請求が認められ、二〇一六年に大阪地裁が言い渡した再審無罪判決が確定）の計五つの無罪確定事件について検察庁が捜査・公判活動について検証した結果をまとめた文書や、検証の実施を決定するまでの庁内での検討や法務省との協議の過程、検証方法、検証担当者の人数・所属部局名・役職について記した文書と関連の決裁文書を含めた。

このうち、湖東記念病院事件、布川事件、東住吉事件はいずれも、いったん確定した有罪判決によって長期間服役した冤罪被害者が再審を求め、最終的に無罪を勝ち取った事件であり、冤罪の再発防止の観点から検証が不可欠な事件といえる。産婦人科医が逮捕された福島県立大野病院事件は全国の医師を震撼させ、医療事故調査制度の創設に向けた議論にも大きな影響を与えたことで知られる。事件の当事者に限らず、同様の職責を担う全国の専門職に広く衝撃を与えたという点で、あずみの里事件と共通点がある。

筆者は、このような社会的広がりをもった事件で自らの主張が認められなかった場合、検察庁には過ちの原因を検証し、社会に対し説明責任を果たす義務があるのではないかと考え、近年の代表的な再審無罪事件とともに、検証結果の開示を請求した。

このほか捜査・公判活動の問題点の検証結果を最高検が公表している氷見事件、志布志事件、足利事件、厚労省元局長無罪事件についても、検証報告書の作成、公表を決定するまでの庁内での検討や法務省との協議の過程について記した文書、検証方法と検証担当者の人数・所属部局名・役職を記した文書ならびに関連の決裁文書を開示するよう求めた。

検証に関する規程は「作成していない」

これら行政文書の開示請求に対し、最高検は二〇二一年一二月二七日付で、捜査・公判活動の問題点等について検証を行う際の対象事件の選定、検証の方法、検証結果の組織内での共有、検証結果の公表などについて定めた規程に関しては、「作成又は取得しておらず、保有していない」ことを理由に不開示とした。

あずみの里事件を含む五つの事件の検証結果については、「文書が存在しているか否か」も答えられないとして、不開示とした。その理由は、（一）筆者が開示請求した文書が情報公開法で行政文書の開示義務の除外対象と定められている「特定の個人を識別することができる情報」や「特定の法人等に関する情報であって、当該法人等の権利、競争上の地位その他正当な利益を害するおそれがある情報」にあたる、（二）特定の事件について検証等を行っているか否かという情報を公にすることとなり、行政文書の開示義務の除外対象と定められている「犯罪の捜査、公訴の維持、刑の執行その他の公共の安全と秩序の維持に支障を及ぼすおそれがある情報」を開示することになる、というものだった。

筆者の開示請求に対し最高検が開示を認めたのは、すでに公表している、氷見事件、志布志事件、足利事件、厚労省元局長無罪事件の検証結果を全国の高検次席検事、地検次席検事宛てに送付した際の決裁文書と最高検刑事部長名の通知文、法務省刑事局長宛ての通知文などに限られた。

この最高検の決定に対し、筆者は疑問を抱いた。

その第一は、捜査・公判活動の問題点等の検証について規程を作成していない、という説明に対する疑問である。端的に言えば、この説明はにわかに信じ難いものであった。

なぜなら、すでに述べたように、最高検は無罪判決確定事件の一部について「捜査・公判活動の問題点等」を検証し、その結果を報告書にまとめ公表した実績があるからである。

検察庁としてある事件の捜査・公判活動の問題点等について検証を行う際、対象事件の選定や検証を進める方法についての基準（ルール）がないとすれば、その時々の最高検幹部の思いつきや恣意的な判断で検証の実施を決めているのであろうか。検察組織がそのような対応をしているとは思えない。

また、前記四事件のうち足利事件の検証報告書である「いわゆる足利事件における捜査・公判活動の問題点等について（概要）」の一二頁には「無罪事件に関する研修」という項目が設けられ、以下の記載がある（元号表記の後の西暦と傍線は筆者による）。

事案の真相解明のためには、予断と先入観を排した冷静な目で、積極・消極を問わず、あらゆる証拠を吟味・検討することが重要であり、特に供述証拠については、性格等様々な要因により、時として捜査官に迎合するなどして真実とは異なる虚偽の供述がなされるおそれがあることを心に留めて、そのような要因を的確に把握した上での取調べと徹底的な裏付け捜査、他の証拠との冷静な対比検討を行うなどし、任意性はもとより、その信用性を慎重に見極める必要がある。

そこで、日常的な事件決裁の場に止まらず、検察官の研修の機会などをとらえ、本件を含めた主要な無罪事件を題材にして協議・研修を行い、自白の信用性についての徹底した吟味と被疑者の取調べの在り方等について、検察官に、より鋭敏な問題意識を持たせるとともに、その周知徹底を図ることとしており、実施可能なところから既に実施をしているところである。この点につき、法務総合研究所では、平成21年（２００９年）12月から実施した平成21年度任官の新任検事研修において、本件を含む無罪事件を題材として、約40時間を充て、証拠評価の在り方等について詳細に指導したほか、本部事件捜査を多数経験した検事による講義等も実施した。また、今後開催される任官後おおむね3年前後の検事を対象とする検事一般研修、おおむね7年ないし10年の経験を有する検事を対象とする検事専門研修においても同様に本件を含む無罪事件の検討を行うこととしている。

この記載によれば、最高検は冤罪事件の再発防止のため、検察官に対する研修を通じて、主要な無罪事件の「検証結果の組織内での共有」を図っていることが分かる。これは、研修の題材となるような無罪事件を選び出して検証する一定のルールが存在することを示している、と筆者には思える。

死刑確定後の再審無罪事件の検証実績

過去をさかのぼれば、最高検は、死刑確定判決の誤りが明らかになって死刑囚が再審無罪となった「免田事件」「財田川事件」「松山事件」の三事件について、最高検刑事部長、同公判部長、同刑事部検事らで構成する「再審無罪事件検討委員会」を設置して、一九八四年一〇月五日から一九八五年一〇月三一日までの間に一〇回の会議を開き、三事件の再審公判を担当した検事に調査報告書の提出を求めたうえで、「捜査、公判の各段階並びに再審請求審及び再審公判における種々の問題点」について協議を行い、同委員会内部に設けた小委員会が一九八六年一月一三日から同年八月五日まで一三回の会合を重ねて報告書を取りまとめたとされる（『法律時報』六一巻八号所収の誤判問題研究会「最高検察庁『再審無罪事件検討結果報告―免田・財田川・松山各事件』について」より）。

前記論考には、免田・財田川・松山の「三事件のほかにも、『再審無罪判決が確定した徳島ラジオ商殺し事件、梅田事件等があり、同委員会での論議は今後も続くものと思われる。』とされている」と記載されている。

免田・財田川・松山の三事件の検証については、一九八五年二月二〇日の衆議院法務委員会で、筧栄一法務省刑事局長（のちの検事総長）が、「御指摘の再審無罪三事件、さらには梅田事件で再審開始決定が確定いたしまして、再審がこれから開始されるわけでございます。このような事態が相次ぎましたことにつきまして、法務、検察当局もこれを深刻に受けとめて、反省の上に立って今検討を加えているところでございます」「具体的な検討の一例といたしまして、現在最高検察庁の中に再審無罪事件検討委員会というものを設けまして、私どもの方からも担当官が参加をいたしまして、免田、財田川、松山、その具体的な三つの事件につきまして、捜査の当初から再審、無罪判決に至るまでの全過程を通じまして、捜査、公判あるいは再審手続における問題点を検討しておるところでございます」と答弁している。

このように、最高検が再審無罪事件を検証した実績があることは刊行物や国会審議で公になっている。再審無罪事件検討委員会のような会議体を設置するに当たり、最高検が委員会の目的や検証方法、検証結果報告書の組織内での共有、検証結果報告書の公表などについて定めた「検証に関する規程」を作成していないはずはない、と筆者は考えた。

「公共の安全と秩序の維持に支障」という不開示理由への疑問

最高検の不開示決定に関して筆者が抱いた第二の疑問は、筆者が開示請求した文書が情報公開法で行政文書の開示義務の除外対象と定められている「個人に関する情報」や「法人等に関する情報」に当たることを根拠にしたことである。

なぜなら、すでに述べたように、過去にあった四つの無罪判決確定事件について、最高検自身が「捜査・公判活動の問題点等」を検証し、その結果をホームページに掲載して公表しており、そのうちの一つである足利事件は、再審無罪が確定した本人の実名まで検証結果報告書に記載しているからである。

筆者が開示請求した五つの具体的事件の検証結果に氏名や生年月日等、特定の個人を識別する情報が含まれていて、個人の権利利益を害するおそれがあると考えるのであれば、前記「いわゆる氷見事件及び志布志事件における捜査・公判活動の問題点等について」や「いわゆる厚労省元局長無罪事件における捜査・公判活動の問題点等について」のように、関係者の氏名を匿名化して開示すれば済むはずである。

筆者が抱いた第三の疑問は、特定の事件について検証を行っているか否かという情報を公にすることが、なぜ犯罪の捜査、公訴の維持、刑の執行その他の公共の安全と秩序の維持に支障を及ぼすことになるのか、ということである。

捜査・公判活動の問題点等を検証していることが公になると、「犯罪の捜査、公訴の維持、刑の執行その他の公共の安全と秩序の維持に支障を及ぼすおそれがある」と、最高検が本気で考えているのであれば、捜査や起訴、公判をめぐって検察組織がいかに社会から批判を浴びようとも、「いわゆる氷見事件及び志布志事件」「いわゆる足利事件」「いわゆる厚労省元局長無罪事件」について組織内部で検証を行ったこと自体を秘密にするはずであり、まして検証結果報告書を公表することなどあり得ないはずである。

前述したように、過去には法務省の刑事局長が国会で、特定の事件の検証を行っていることを認めている。筆者が開示請求した文書を不開示とする理由として、最高検が「特定の事件について検証等を行っているか否かという情報を公にすることとなり、犯罪の捜査、公訴の維持、刑の執行その他の公共の安全と秩序の維持に支障を及ぼすおそれがある情報を開示することとなる」を挙げたということは、国会において特定の事件に関する検証を行っていると答弁した法務省刑事局長は、本来秘匿すべき「犯罪の捜査、公訴の維持、刑の執行その他の公共の安全と秩序の維持に支障を及ぼすおそれがある情報」を漏らしたことを意味するのではないだろうか。

最高検の不開示決定を「妥当」とした情報公開・個人情報保護審査会

このような疑問を抱いた筆者は、二〇二二年一月、最高検が「不開示」とした文書の開示を求め、検事総長に審査請求を行った。それに対しても最高検は開示には応じず、同年四月一八日、総務省の情報公開・個人情報保護審査会に諮問した。この諮問に対し、同審査会は二〇二三年二月二二日、最高検の不開示決定は「いずれも妥当である」との結論を出し、検事総長に答申した。

筆者のもとに郵送されてきた答申書によると、諮問をした最高検の理由説明書と筆者の意見書、資料を受け取った同審査会は二〇二三年一月二〇日と二月一七日の二回審議を行い、結論を出した。答申書と、総務省のホームページに記載された委員名簿（二〇二二年四月一日現在）によれば、審議を担当したのは、五つある部会のうち第一部会の合田悦三（元札幌高裁長官）、木村琢磨（千葉大学大学院社会科学研究院教授、行政法）、中村真由美（弁護士）の三委員である。

前述したように、最高検が不開示とし、筆者が審査請求を行ったのは、以下の文書である。

1. 再審を含めて刑事裁判で無罪判決が確定し、検察庁として捜査・公判の問題点等について検証を行う際の対象事件の選定、検証の方法、検証結果の組織内での共有、検証結果の公表などについて定めた規程を記した文書
2. 再審を含め最終的に無罪が確定した以下の事件について、検察庁が捜査・公判について検証

した結果をまとめた文書ならびに検証の実施を決定するまでの庁内での検討や法務省との協議の過程、検証方法、検証担当者の人数・所属部局名・役職について記した文書と関連の決裁文書

①福島県立大野病院事件
②湖東記念病院事件
③あずみの里事件
④布川事件
⑤東住吉事件

前記「1.」については、最高検が公表している四つの冤罪事件の検証結果報告書の記載から、検証対象事件の選定や検証結果の組織内での共有、検証結果の公表などについて一定の基準（規程）が存在するはずであると筆者には思えたので、開示を求めた。答申書によれば、最高検は諮問の理由説明書の中で、そうした基準を記した対象文書を庁内で探したが、見つからなかったとしている。答申書には、最高検の説明が以下のように記されている（文中の「原処分時」は最初の行政文書開示請求時、「処分庁」は最高検、「審査請求人」は筆者を指す）。

本件対象文書1について

ア　原処分時の探索について

処分庁において、本件開示請求を受けて、捜査・公判を担当する刑事部、公安部、公判部の外、関連する規程を所管する可能性がある企画調査課で保存・管理する行政文書に対して、対象となる文書の探索を行ったが発見されなかったものであり、処分庁において、開示請求時点で保有していなかったものと認められる。

イ　対象文書の再探索について

処分庁において、審査請求を受けて、改めて対象文書の再探索を行ったものの、該当する行政文書の存在を確認することはできなかった。

ウ　探索範囲の妥当性について

処分庁は、担当部署内の事務室、書庫、パソコン上の共有フォルダ等を探索したものであり、探索の範囲としては妥当である。

エ　本件対象文書1に対応する文書の存否について

どのような判決について、事後的に検証を行うかについては、個別の事案に応じて判断されるものであり、一定の基準を設けた文書等は作成されていない。

また、審査請求人は、法務総合研究所主催の研修において、無罪事件の検討や講義が行われていることから、処分庁において一定の基準を有している旨主張するが、同所主催の研修においてどのような講義を行うかは同所が判断・決定するものである。

また、審査請求人の主張する「再審無罪事件検討委員会」については、現在存在しておらず、その設置等に関する文書は不見当であり、また、同委員会を設置することの基準等を定めたその他の文書も不見当である。

情報公開・個人情報保護審査会は答申書で以下のように述べて、最高検の上記説明を受け入れ、「本件対象文書1を保有しているとは認められない」と結論づけた。

過去の特定の事件に関して、その捜査・公判活動の問題点等を検証する会議体が設置され、又は報告書が作成された事実があったとしても、そのことをもって、一般的に、いかなる事件について検証を行うかの選定やその検証の方法等を定めた文書が存在するとまでいうことはできず、検証を行うか否かは個別の事案に応じて判断される旨の諮問庁の説明は、これらを否定することまではできず、当該説明を覆すに足りる事情も認められない。

また、法務総合研究所主催の研修においてどのような講義を行うかは同所が判断・決定するものであるとの処分庁の説明は、不自然、不合理とはいえず、首肯できる。

（中略）探索の範囲等について、特段の問題があるとは認められない。

では、前記「2.」の五つの無罪確定事件の検証結果報告書に関し、最高検が文書の存否も明らかにしないで開示を拒否したことについて、情報公開・個人情報保護審査会はどんな判断を下したか。それについて触れる前に、やや長くなるが、審査請求の過程を振り返ってみたい。

「個人の権利利益を害するおそれ」という不開示理由への疑問

前述したように、筆者は最高検の不開示決定にいくつかの疑問を抱いた。

その一つは、最高検が「特定の個人を識別することができるもの又は特定の個人を識別することはできないが、公にすることにより、なお個人の権利利益を害するおそれがある」ことを、五つの事件について筆者が開示請求した文書を不開示とした理由に挙げたことである。

しかし、筆者が検証結果報告書の開示を請求した五つの事件では、被告人とされたり受刑者として収監されたりした後に無罪判決が確定した本人が著書などを通じて、自分たちが経験したことを実名で語ったり、記したりしながら、冤罪の悲惨さと再発防止の必要性などを社会に訴えている。筆者はそうした本人の声が掲載された刊行物の写しを、最高検に出した審査請求書や情報公開・個人情報保護審査会に出した意見書に添付したうえで、次のような意見を記した。

自らの意思で実名を明らかにしたうえで、冤罪被害の悲惨さ、深刻さと、捜査・起訴・公判の不当性を訴えている人々は、自分が巻き込まれた事件について最高検が捜査や公判の問題点を自ら検証し、その結果を公表することを強く希望していると考えられ、検証結果の公表で自分たちの権利利益が害されることはないと考えていること（検察組織に都合のよい、不十分かつ偏りのある検証でない限り）は、一般人の常識に照らせば容易に想像がつくことである。

それでもなお、最高検察庁が事件の当事者の「権利利益」の侵害を危惧するのであれば、検証を行うに当たって、事件の当事者から検証方法や結果の公表方法について意見を聴き、個別の事例ごとに匿名化の範囲を定めるなどして公表すれば済むことであり、そうすべきなのである。また、すでに検証を終えた事件の未公表の報告書の開示請求があった場合は、個別の事例ごとに匿名化の範囲について事件の当事者から意見を聴いて対応することは十分可能である。

このほか、不開示決定の理由について筆者が疑問を抱いた点は、特定の事件について検証を行っているか否かという情報を公にすることが、なぜ犯罪の捜査、公訴の維持、刑の執行その他の公共の安全と秩序の維持に支障を及ぼすことになるのか、ということである。

死刑判決確定後に再審無罪が確定した三事件や、氷見事件、志布志事件、足利事件、厚労省元局長無罪事件などは最高検が検証を行い、特に近年の四事件については検証結果報告書を公表しているのであるから、特定の事件について検証を行っているか否かという情報を公にすることが、検察当局にとってそれほど不都合なこととは思えない。

情報公開・個人情報保護審査会の答申書によれば、審査請求の際に筆者が、すでに検証の実績があると指摘したことについて、最高検は以下のような理由を挙げて最初の不開示決定を維持し、その理由を情報公開・個人情報保護審査会にも説明したことが分かった。

特定の刑事事件の裁判結果について検証を行ったか否かという情報は、事件の性質（罪名はもとより、犯行や謀議の手段、動機その他犯情全般）や裁判結果にとどまらず、どのような捜査手法や公判遂行の技術を用いた場合を検察として重要と捉えているかやその程度が明らかになり、将来の具体的な捜査・公判活動についても推測させるものであって、これらの情報は、本件同様に、事件を特定して、あるいは特定の類型に着目して同様の請求を繰り返すことにより、例えば、犯罪を企図する者などが犯行発覚を免れるための手口や罪証隠滅、弁解戦術を検討する際の参考となったり、捜査態勢を推知する情報になり得るものであって、法（※筆者注＝情報公開法）５条４号の犯罪の捜査、公訴の維持その他公共の安全と秩序の維持に支障を及ぼす情報に該当すると認められる。

また、審査請求人が指摘する刑事局長答弁や、過去、実際に検証を行い、その結果を公表してきたものについては、（情報公開法施行前のものもあるがその点はおくとしても、）高度の公益上の必要性を認めて、公表することを前提に、むしろ公表して国民の理解を得ることも目的の一つとして検証を行い、そのような検証中であることや検証結果をつまびらかにしたものであって、本件開示請求において存否応答拒否としたことは矛盾するものではない。

意味不明な「高度の公益上の必要性」

この最高検の主張の前段部分は、筆者には意味がよく分からない部分もあるが、要は、犯罪をもくろむ者にとって都合のよい情報を与えるおそれがある、そうなれば「公共の安全と秩序の維持」

に支障が出る、と言いたいようである。

しかし、布川事件において強盗殺人罪で無期懲役が確定して二九年間身柄を拘束され、再審で無罪となった桜井昌司さん（二〇二三年八月死去）が国と県に損害賠償を求めた訴訟では、東京高裁が警察だけでなく検察の取り調べについても「社会的相当性を逸脱して自白を強要する違法な行為」と認定し、国と県に約七四〇〇万円の賠償を命じた判決（二〇二一年八月二七日）が確定している。捜査の違法性の有無が公開の法廷で争われ、裁判所が「違法である」と認定したのだから、検証しているかどうか明らかにすることが「犯罪を企図する者などが犯行発覚を免れるための手口や罪証隠滅、弁解戦術を検討する際の参考となったり、捜査態勢を推知する情報になり得る」という最高検の理屈に説得力があるとは思えない。

前記最高検の主張の後段部分も理解に苦しむ。

「審査請求人が指摘する刑事局長答弁や、過去、実際に検証を行い、その結果を公表してきたものについては、（情報公開法施行前のものもあるがその点はおくとしても、）高度の公益上の必要性を認めて、公表することを前提に、むしろ公表して国民の理解を得ることも目的の一つとして検証を行い、そのような検証中であることや検証結果をつまびらかにしたもの」というのだが、「高度の公益上の必要性」とは具体的に何を指すのか不明であるし、だれがその必要性をいかなる理由によって認めたのか具体的な説明がない。

ほかにも疑問点がある。

筆者が審査請求書に記載した、死刑確定後の再審で無罪となった三つの事件の検証をしたことは当時の法務省刑事局長が国会答弁で認めているが、最高検はそれらの検証結果報告書を公表はしておらず、検証結果報告書を公表した氷見事件、志布志事件、足利事件、厚労省元局長無罪事件とは対応が異なる。前記最高検の主張によれば、氷見事件など近年の四事件は、「高度の公益上の必要性を認めて、公表することを前提に」検証を行ったことになるが、死刑確定後の再審で無罪になった三事件との対応の違いがどのような理由によるものかはっきりしない。

死刑確定後の再審で無罪になった三事件の検証結果をまとめた報告書については、筆者とは別の人が過去に行政文書の開示請求を行い、最高検がそのすべてを不開示としたため、請求者が審査請求をしたことがあった。審査請求を受けて最高検は二〇〇三年五月二〇日に当時の内閣府情報公開審査会に諮問し、同審査会は二〇〇四年一月二三日、最高検の不開示決定を「妥当」とする答申をしている(注2)。

検察は反省しているのか

最高検の諮問を受けた情報公開・個人情報保護審査会は、筆者が開示請求した五つの無罪事件の検証結果報告書をその存否も明らかにしないまま不開示とした最高検の決定は「妥当」との結論を出した。答申書は、検証結果報告書の存否を明らかにすれば、犯罪をもくろむ者が犯行発覚を免れるための手口や罪証隠滅、弁解戦術を検討する際の参考となり、「公共の安全と秩序の維持」に支障を及ぼすおそれがあるとの最高検の説明を「否定することまではできない」として、不開示とした最高検の決定を追認した。
しかし、検証結果報告書の存否を答えるだけで「公共の安全と秩序の維持」に支障を及ぼすおそれがあるというのは論理の飛躍ではないだろうか。また、「高度の公益上の必要性」から検証結果報告書を公表する事件とそうでない事件の違いも分からない。
情報公開・個人情報保護審査会の答申の後、筆者は二〇二三年三月、甲斐行夫検事総長に文書で取材を申し込み、以下の二点を尋ねた。

一．答申書によれば、貴庁は、氷見事件、志布志事件、足利事件、厚労省元局長無罪事件の4事件で貴庁が捜査・公判活動の問題点を検証し、その結果を公表した理由を、「高度の公益上の必要性を認めて、公表することを前提に、むしろ公表して国民の理解を得ることも目的の一つとして検証を行」った、と説明していますが、上記4事件の検証ならびに結果の公表に「高度の公益上の必要性」があると判断した理由を、上記4事件の一つひとつについて具体的に教えてください。

二．私が捜査・公判の検証結果報告書の開示を貴庁に請求し、貴庁が文書の存否すら明らかにしないまま不開示とした五つの事件のうち、布川事件では、強盗殺人罪で無期懲役が確定して29年間身柄を拘束され、再審で無罪となった男性が国と茨城県に損害賠償を求めて提訴しました。東京高裁は、警察だけでなく検察の取り調べも違法であったと認定し、国と県に約7400万円の賠償を命じ、その判決が確定しました。このような再審無罪事件こそ、貴庁が捜査・公判活動の問題点を検証し、その結果を公表する「高度の公益上の必要性」があると私には思えるのですが、貴庁が布川事件については捜査・公判活動の問題点を検証し、その結果を公表する「高度の公益上の必要性」はないと判断しているのであれば、その理由を教えてください。

この取材依頼に対し、最高検から以下のような文書回答（二〇二三年三月二七日付）が届いた。

「取材のお願い」と題する書面を拝読いたしました。
今般の書面においては、特定の事件の捜査・公判活動及びその検証等に関してお尋ねいただいております。しかしながら、個別具体的な事件に関する検察内部における検討状況やその公表・非公表の詳細な理由等については、事件関係者の名誉・プライバシーや今後の捜査・公判への支障等の観点から、基本的にお答えを差し控えざるを得ないことを御理解いただきたく存じます。
また、前回回答させていただいたとおり、検察庁においては、一般に、無罪判決があった場合は、当該事件における捜査・公判の問題点に関する検討を行うなどしており、必要に応じ、問題意識を共有するとともに、反省すべきところがある場合は反省し、その後の捜査・公判の教訓としておりますことを、繰り返しとなりますが、改めてお伝えさせていただきます。

検証していると言えば、結果の開示を求められ、検証していないと言えば、これだけ捜査や公判活動に問題があったのに検証すらしないのかと批判される。そのどちらも避けようとすれば、検証しているか否かは秘密にしておくに限る。放っておけば自分たちの組織が社会からの批判に耐えられないと判断したときだけ検証し、その結果を公表する――。

仮に最高検がこんなふうに考えているとしたら、「高度の公益上の必要性」とは「組織防衛の必要性」にほかならない。

あずみの里事件は全国の介護現場に深刻な影響を与えた。したがって、警察、検察がYさんの無罪確定で終結した事件を真摯に振り返り、その結果を公表することには、「高度の公益上の必要性」があると筆者は考える。

情報公開・個人情報保護審査会の答申が筆者の行政文書開示請求を拒んだ最高検の言い分を認め、それを受けた最高検が筆者の審査請求を棄却したことで、検察組織がこの事件を反省しているのか否か、反省しているのであればどう反省しているのかを知ることができなかった。もし、警察、検察があずみの里事件から教訓を引き出していないとすれば、捜査能力の向上は期待できず、死因究明をおろそかにしたまま立件するという事態が再び起きないとは限らない。

「事案の真相」の解明を放棄した東京高裁

筆者は無罪確定事件の検証について裁判所にも取材した。

業務上過失致死の罪で起訴されたYさんに対し、長野地裁松本支部は二〇一九年三月二五日、検察側の求刑どおり罰金二〇万円の有罪判決を言い渡した。大きな争点であったホーム利用者のKさんの死因（心肺停止の原因）については検察側が主張した「窒息」であると認定し、検察側が主張したYさんの二つの過失のうち、食事中のKさんの動静を注視する義務を怠った過失（主位的訴因）は認めず、おやつがゼリー系に変更されていたことを確認すべき義務を怠った過失（予備的訴因）によって有罪判決を言い渡した。

Kさんの心肺停止の原因は脳梗塞の可能性が高いとしてYさんの無罪を主張する弁護側は、控訴審で、脳神経外科の専門医らの意見書を証拠請求し、Kさんの死因をしっかり調べるよう東京高裁に求めた。しかし、同高裁は弁護側が請求した証拠のほとんどを却下して一回の審理で公判を結審させ、その後の弁護側の弁論再開申し立てにも応じなかった。そして、二〇二〇年七月二八日、一審判決を破棄し、Yさんに無罪を言い渡したが、大きな争点だった死因については認定しなかった。

死因や、一審での二度にわたる訴因変更許可は違法だとする弁護側の主張について、東京高裁は判決で、「検討に時間を費やすのは相当ではなく、速やかに原判決を破棄すべきである」と述べた。これは、Yさんを一刻も早く刑事被告人の立場から解放すべきであるとの考えに基づくものと思われるが、「刑事事件につき、公共の福祉の維持と個人の基本的人権の保障とを全うしつつ、事案の真相を明らかにし、刑罰法令を適正且つ迅速に適用実現することを目的とする」と定めた刑事訴訟法第一条に照らすと、東京高裁の訴訟指揮と判決は「事案の真相を明らかに」するという点で問題があったと筆者は考える。

「個別事件の検証は裁判官の独立の観点から問題」とする最高裁

7章で紹介したように、二〇二〇年一月九日の東京高裁での三者打ち合わせの際、大熊一之裁判長が「裁判所は因果関係について関心がない」と発言したとされる。このような発言をしたのであれば、その理由は何かなど、訴訟指揮や判決に関するいくつかの疑問点を尋ねるため、筆者は二〇二一年八月、Yさんに無罪を言い渡した東京高裁の裁判長で、当時名古屋地裁所長になっていた大熊一之氏に書面で取材を申し入れた。しかし、取材には対応できないとする名古屋地裁事務局総務課名の文書（二〇二一年九月一四日付）が筆者のもとに届いた。

前述したように、最高検や警察庁は足利事件などの捜査、公判活動の問題点を検証し、その結果を公表しているが、冤罪事件の原因を検証しなければならないのは捜査当局だけではない。警察、検察による捜査、起訴の問題点を見抜けず、検察官の主張をしっかりチェックしないまま判決を下してしまった裁判所もまた、「誤判」の原因を検証する必要があるはずだ。

あずみの里事件では、一審長野地裁松本支部がYさんに有罪判決を言い渡し、全国の介護現場に衝撃を与えた。二審東京高裁は一審判決を破棄し、無罪を言い渡したものの、判決では死因を認定しなかった。

筆者が取材した範囲でも、「あれは窒息事故だった」といまでも考えている医療、介護関係者がいる。死因確認に手を尽くすこともなく起訴した検察官の責任は重大だが、それを認めて有罪判決を言い渡した裁判官にも相応の責任があると筆者は考える。裁判所にはこの事件の公判のあり方を検証する責任があるのではないか――。

そう考えた筆者は二〇二二年一月、最高裁判所の大谷直人長官（当時）に書面で取材を申し入れた。筆者が知りたかったのは、刑事裁判で一度有罪判決が確定した後再審請求があり、再審無罪が確定した事件や、下級審での有罪判決を不服とする被告人が控訴、上告をした結果、有罪判決が覆されて無罪が確定した事件について、最高裁が検証をしているのか否かということだった。こうした「無罪判決確定事件」に関する、以下の五つの質問に答えてほしいと取材依頼文に記した。

一．最高裁判所は、無罪判決確定事件の公判について検証し、その結果を組織全体で共有していますか。

二．組織として無罪判決確定事件の公判について検証し、その検証結果を組織全体で共有しているとしたら、それは無罪判決確定事件のすべてなのか、一部なのかを教えていただけませんか。一部であるとしたら、検証する事件の選定基準を教えてください。また、検証結果を組織全体で共有する際の方法ならびに現在までに検証対象となった事件名と検証結果を教えてください。

三．無罪判決確定事件について最高裁判所が検証結果を公表した事例を知りませんが、これまでに公表した事例があったら、そのすべてを教えてください。また、公表する際の基準を作成していますか。作成しているならその公表基準を、作成していないならその理由を教えてください。

四．無罪判決確定事件の公判について、組織として検証も検証結果の共有もしていないのであれば、その理由を教えてください。

五．日本弁護士連合会は2011年1月、冤罪事件の原因を調査究明し、将来の冤罪防止に向けた諸制度の運用改善や立法を政府、国会に勧告・提言するため、国会または内閣に第三者機関を設置することを求める意見書（注3）をまとめています。裁判所の外に、冤罪事件を検証する第三者機関を設置すべきであるとする、この日弁連の提案に対する最高裁判所としてのご意見をお聞かせください。

この取材依頼文に対し、最高裁事務総局広報課から回答書（二〇二二年二月二五日付）が送られてきた。その全文は以下のとおりである。

ご質問事項1～5につき、一括して回答を差し上げます。

裁判所といたしましても、無実の人が罰せられるようなことは絶対にあってはならないことと考えております。そのような事態が起きないように、個々の事件において、当事者双方の主張に十分に耳を傾け、また、当事者双方から提出された証拠を十分に吟味し、立証責任を有する検察官が合理的な疑いを超える程度の立証を尽くしたといえるかどうか、慎重に判断する必要があると考えております。

憲法76条3項は「すべての裁判官は、その良心に従ひ独立してその職権を行ひ、この憲法及び法律にのみ拘束される」と定め、裁判の公正を保障するため、立法機関や行政機関からの干渉を排除することはもちろん、司法部内部での上級裁判所等の干渉をも排除して、事件担当の裁判官の自主独立性を要求しております。確定した事件であっても、裁判所が個別の事件の具体的な内容に踏み込んだ検証を行うことは、個々の裁判の当否の評価になりかねず、このような憲法上認められた裁判官の職権行使の独立の観点から問題があるのではないかと考えております。

もっとも、個々具体的なえん罪事件の振り返りということではないものの、実務上よく問題となる事実認定の在り方に関する問題については、現場の裁判官は、日々の執務の中で合議体の他の裁判官と議論したり、裁判官同士の勉強会等を通じて研さんを行っていると承知しております。また、このような現場の裁判官の研さんを支援するため、司法研修所においても、裁判官の研究会や研修等を開催して、事実認定の在り方等について議論を行うなどしております。

取材と並行して、筆者は最高裁に対し、関連する司法行政文書の開示を求めることにした。裁判所は国会とともに、「行政機関の保有する情報の公開に関する法律」(情報公開法)の対象になっておらず、「裁判所の保有する司法行政文書の開示に関する事務の取扱要綱」に基づいて、司法行政文書を開示している。

筆者が最高裁に開示を求めたのは、（一）刑事裁判でいったんは有罪判決が出された後に上級審で無罪判決が出されてその無罪判決が確定したり、有罪判決が確定した後の再審で出された無罪判決が確定したりした事件（「無罪確定事件」）等のうち、最高裁として誤判の原因や公判の問題点等を再発防止の観点から調べる必要があると判断した場合の検証について定めた規程、（二）無罪確定事件のうち、最高裁がこれまでに誤判の原因や公判の問題点等を検証した事件のリスト、の二つである。

筆者の求めに対し、最高裁は二〇二二年三月二四日付「司法行政文書不開示通知書」を送ってきた。不開示の理由は、前記（一）と（二）の各文書は「作成又は取得していない」というものだった。

（注1）氷見事件では、二〇〇二年に富山県氷見市で起きた強姦、強姦未遂事件で起訴された男性が懲役三年の実刑判決を受けて服役後、二〇〇六年に鳥取県警に強制わいせつ容疑で逮捕された男が真犯人と分かり、服役した男性の再審無罪が確定した。志布志事件では、二〇〇三年の鹿児島県議会議員選挙をめぐり、候補者や住民ら一三人が公職選挙法違反（現金買収）の罪に問われたが、二〇〇七年に鹿児島地裁が被告（公判中に死去した一人を除く一二人）全員無罪の判決を出し、検察側が控訴せずに確定した。足利事件では、一九九〇年に栃木県足利市で四歳の女児が殺害された事件で起訴された男性に対する無期懲役の判決が確定したが、犯人の遺留物と男性のＤＮＡ型が一致しないことが再鑑定で分かり、二〇一〇年に男性の再審無罪が確定した。厚労省元局長無罪事件では、障害者団体向け郵便割引制度を悪用した郵便不正事件で、二〇〇九年に虚偽有印公文書作成罪などで起訴された厚生労働省の担当課長（逮捕当時は同省雇用均等・児童家庭局長）が二〇一

○年に大阪地裁で無罪判決を受け、その判決が確定した。その後、捜査を担当した大阪地検特捜部の主任検事が証拠のフロッピーディスクのデータを改ざんしていたことが分かり、証拠隠滅罪で起訴され、事実を知った同地検特捜部長、同副部長が隠蔽したとして犯人隠避罪で起訴され、それぞれ有罪判決が確定した。

（注2）総務省のホームページに掲載されている答申書によると、最高検は死刑確定後の再審で無罪になった三事件の検証結果をまとめた報告書を不開示とした理由の一つとして、行政文書の開示義務の対象にならない情報として情報公開法五条四項に規定されている「公にすることにより、犯罪の予防、鎮圧又は捜査、公訴の維持、刑の執行その他の公共の安全と秩序の維持に支障を及ぼすおそれがあると行政機関の長が認めることにつき相当の理由がある情報」に該当することを挙げている。その主張は以下のとおりである。

本件対象文書においては、具体的事件に関し、被告人検挙に至る経緯、捜査及び公判の経過並びに証拠関係等を具体的に記載した上、三事件に共通した問題点を取り上げ、その問題点ごとに各事件ごとの個別的検討と三事件の取りまとめを記載したものであり、これを公にした場合、捜査及び公判の手法が明らかになることによって、同種事案の捜査や公判維持に支障を及ぼすおそれが大きい。

（中略）

具体的に説明すれば、事件関係者の個人情報やその供述内容が開示されて公になり、捜査の過程での情報提供等の協力及びその内容が、公判審理において必要とされる以上に一般に知られるものであるとなれば、協力を得ることが極めて困難になるという支障が生じ得る。特に、暴力団や過激派等の事件で典型的であるが、一般の事件でも同様である。

本件のような捜査及び公判の過程で収集された個人情報を整理し検討した「個人情報の塊」とも言うべき行政文書が開示されることとなると、その捜査及び公判に与える弊害は計り知れないものがある。すなわち、自分の話したことや一身上のことで公にされていないことはもちろん、仮に審理の過程で現れている事柄であっても、審理の必要を超えて、後日、情報公開によって、いつでも、だれにでも公表されることがあり得るとなれば、そのこと自体で事件関係者は動揺を来して情報の提供をためらい、捜査又は公判への協力を求められても、事情聴取自体に応じず、聴取に応じても調書作成を拒み、あるいは調書作成には応じても公判での証人尋問には出頭しないことなどが予想される。

そうなると、捜査及び公判の円滑な遂行を妨げ、ひいては昨今の国民の悲願である治安回復にも影響を与え、由々しき事態を招来しかねない。

また、捜査機関にも、このような事態を招くこととなることから、個別具体的事件の分析や検討を行った資料等を作成することをちゅうちょさせることとなり、内部における自由かっ達な検討を著しく阻害し、捜査の在り方等の改善にも重大な妨げとなるおそれがある。

したがって、本件対象文書に含まれる個別の事件に関する内容や分析・検討に関する記載は、法5条4号の不開示情報に該当する。


前記答申書によれば、審査請求をした請求者は「死刑再審無罪事件については捜査責任を深く反省する立場から、これまでの捜査や公判での立証の教訓あるいは問題点を明らかにし、それらを国民の前に示し、議論に付してこそ、検察庁に対する国民の信頼を回復できる」旨主張した。情報公開法七条は「不開示情報が記録されている場合であっても、公益上特に必要があると認めるときは、開示請求者に対し、当該行政文書を開示することができる」と、「公益上の理由による裁量的開示」を定めている。最高検は請求者の前記主張を「裁量権の逸脱又は濫用がある旨主張する趣旨」と受け止め、それに対しては以下のように反論している（※筆者注＝文中の「諮問庁」「処分庁」は最高検を指す）。

諮問庁としても、再審無罪事件についての検討内容を公にすることの公益性をすべて否定するつもりはないものの、（中略）本件対象文書を開示することにより、被告人、被害者、参考人等関係者の名誉・プライバシーを著しく害するばかりでなく、犯罪の捜査、公訴の維持に支障を及ぼすおそれも大きく、これらを上回るだけの公益性を本件対象文書を開示することについて認めることはできない。

よって、本件対象文書について、法7条を適用せず不開示とした本件処分に、処分庁の長の裁量権の逸脱又は濫用があるということはできない。

答申書によれば、情報公開審査会は、（一）有罪判決が確定した者に対して再審において無罪判決が言い渡されるという事態は、当該再審無罪被告人の不利益は言うまでもなく、刑事手続の適正な運営の観点からも看過できないものと考えられ、その経過や原因を検討して、今後同様の事態が生じないようにすることに公益性があることは明らかである、（二）当審査会において本件対象文書を見分した結果によっても、本件対象文書がそのような観点から一定の公益性を有するものと言うことができる、（三）異議申立人が言う諸外国における検討の状況についても、検察官だけでなく裁判官や弁護士等の関係各専門家によって、そのような検討がされ、しかるべき方法によってその内容が公表されることには意義があるものと考えられる――と、請求者の主張に一定の理解を示した。

その一方で同審査会は、検証結果の報告書の記載内容が「具体的かつ詳細であって、その記載振りも率直になされており、各問題点について一般に公表するのに適するような総括的記載部分も置かれていない」としたうえで、次のように結論づけた。

> 本件対象文書は、あくまで各再審無罪事件の具体的内容を十分に認識した検察庁内部の者のための執務資料としての利用を念頭に置いて作成されたものと解され、現に、そのような点から本件対象文書の取扱いに配慮を求める記載があることも認められる。そして、その記載内容及び検討対象とされている各再審無罪事件の内容等に即して考えると、本件対象文書については（中略）個人のプライバシーに触れない範囲でその一部のみを取り出すことは困難であって、部分開示は相当ではないものと解される。（中略）本件対象文書を見分した結果に基づいて判断すれば、異議申立人が主張するような公益上の理由があることをもって、本件対象文書を不開示とすることによって保護すべき利益を上回る公益上の必要性を認めることまではできないと言わざるを得ず、法7条による開示をしなかった諮問庁の判断に裁量権の逸脱又は濫用を認めることはできない。

　この答申に関与したのは清水湛（あつし）、饗庭（あえば）孝典、小早川光郎の三委員である。総務省情報公開・個人情報保護審査会事務局によれば、当時、清水氏は元広島高裁長官、饗庭氏は元ＮＨＫ解説主幹、小早川氏は東京大学大学院法学政治学研究科教授（行政法）であった。

（注3）日本弁護士連合会の「えん罪原因調査究明委員会の設置を求める意見書」（二〇一一年一月二〇日）は、一九八〇年代に無罪判決が言い渡された死刑再審四事件（免田事件、財田川事件、松山事件、島田事件）で、「国家の総力をあげて行われるべきえん罪原因究明を怠」ったことが、鹿児島県警による架空の選挙買収事件である志布志事件（二〇〇七年、全員無罪）▽捜査機関から強要された虚偽自白などに

よって強姦事件で有罪とされた男性がのちに真犯人が名乗り出たことで無実と判明した氷見事件（二〇〇七年、再審無罪）▽DNAの誤鑑定と捜査機関に強要された虚偽自白によって幼女誘拐殺人犯として有罪が確定した男性がDNAの再鑑定によって犯人でないことが分かった足利事件（二〇一〇年、再審無罪）▽郵便料金不正事件で逮捕・起訴された厚労省元局長の起訴後、大阪地検特捜部の担当検事が物証であるフロッピーディスクを改ざんしたことが判明した事件（二〇一〇年、無罪）といった、「えん罪ラッシュ」を招いたという問題意識からまとめられた。

意見書は、志布志、氷見、足利の三事件で警察庁や最高検がまとめた報告書について、「自らの捜査手法を批判的に分析することができておらず、主に担当捜査官個人の問題として、上司の指導の充実強化を図るといった程度でお茶を濁している感が否めず、極めて大きな限界がある。基本的には、捜査のシステム及び捜査機関の体質が問われているはずであるのに、検証報告書にはそのような認識が全くない。警察庁、検察庁には、えん罪を生んだことに対する真の反省も、自浄能力もないことを示している」と、内部検証の限界を厳しく指摘している。

また、「捜査機関による誤った捜査、誤った起訴を事後的に監視し、無罪推定原則の徹底によって、被疑者、被告人とされた者の人権を擁護し、えん罪を防止することこそを本来的任務としているはずの」裁判所・裁判官が、無罪推定原則や「疑わしきは被告人の利益に」の原則を忠実に守らず、「えん罪を見逃し、さらに加担してしまったことの責任」の重大性にも言及したうえで、「えん罪原因の根本的な究明のためには、裁判所のいかなる判断が結果として誤判を生んだのかという点を明らかにするために、裁判所・裁判官の判断についての検証も不可欠」と主張している。

想定される第三者機関による活動は「あくまでえん罪原因を究明し、将来のえん罪防止のための諸制度の改革及び立法の提言をするために行なうものであって、裁判内容の当否そのものを直接問うことを目的とするものではないし、関係者の責任追及を目指すものでもない。しかも、対象は無罪が確定した事件であって、係属中の事件ではない」ので、第三者機関の権能は「司法権の独立などに何ら抵触するものではない」と述べている。

　このほか意見書は、冤罪事件の原因を調査するために英国やカナダが政府から独立した第三者調査機関を設置した事例も紹介したうえで、国会ないし内閣に冤罪の原因を究明するための調査、審議を行う第三者機関（調査委員会）を設置することを求めている。

10章　医学的観点から見た事件の問題点と教訓

窒息に関する誤解

あずみの里事件では、東京高裁が判決で、介護施設における食品提供、特におやつ提供の意義を認めたことが介護関係者から高く評価された。だが、死亡した女性利用者Kさんの死因が曖昧にされた結果、事件が介護現場に与えた萎縮効果は完全には払拭されていない可能性があると筆者は考えている。高齢者介護の現場で同様の事例が今後も起きる可能性は否定できない。私たちは、この事件から何を学んだらよいのか。その答えを求めて、筆者はYさんの裁判において弁護側の依頼で鑑定書を作成し、法廷で証言した福村直毅医師に取材した。

福村医師は、食べ物をうまく食べることができない摂食嚥下障害のリハビリテーションを専門とする医師である。法廷では、全世界の「食物による窒息死」の三三％が、人口が全世界の二％にすぎない日本で起きていることを、各国から世界保健機関（ＷＨＯ）に報告されたデータに基づいて説明した。福村医師はこのことを「異常事態」と呼び、その大きな要因は「食物誤嚥による窒息に診断基準がなく、現場の医師の主観に委ねられていることではないか」と述べた。つまり、日本では食物による窒息でない事例の相当数が、誤って「窒息」と判断されている可能性が高いというのである。

介護施設において窒息でない事例が窒息と診断されれば、施設側と利用者家族との間のトラブルに発展し、場合によっては、食事介助にあたる介護職員の責任が追及されることもある。二〇二一年六月に行なった取材では、日本で窒息が過剰に診断されていると考えられる背景と対策について聞いた。以下は、その一問一答である。

――「あずみの里事件」で弁護側の依頼を引き受けて鑑定書を作成した理由を教えてください。

福村医師　私の専門が嚥下障害治療であり、地域の施設で嚥下診察をしてきています。そのため施設で窒息事案が生じたときに相談を受け、実際には窒息と考えられないケースが多発していることが分かりました。山形県鶴岡市で仕事をしていた時には、「窒息ではない」という意見を述べたことが複数回ありました。

具体的には、介護施設での食事後三時間経っていて嘔吐などもなかった人が、突然心停止で発見され、病院に搬送したら「窒息」と言われた、といった事例です。食物誤嚥による窒息では、窒息の原因となりうる食物（塞栓子）が気道内にとどまっていることが証拠になるので、こうしたケースでは、食後の口腔ケアはされたのか、食後に間食をしていた可能性はないかなど、外から塞栓子が入った可能性の有無を確認します。

吐しゃ物によって窒息が起こることもありますが、その診断も単純ではありません。介護施設の食物は細かく調理されていたり、食事の時に細かく咀嚼されたりしているので、誤嚥（＝食物が喉頭の先の気管に入り込むこと）した物が多量であるとか、胃酸による化学的な障害により粘膜が急速に浮腫を起こしているといった点が診断には必要です。

窒息と判断できる証拠があるかどうかを確認し、窒息とするには矛盾点がある場合は、「窒息とは判断できない」という意見を述べてきました。「そういう意見があるなら窒息（＝事故）としての報告は不要」と自治体に判断してもらった事例もあります。

また、救急科の医師とともに窒息に関する学習と臨床分析を進め、あずみの里事件が起こる前から窒息に関する講演会を開いてきました。講演会では、窒息をさせない食事方法、万一の窒息時の救命方法を説明しました。もともと窒息は誤解が多いこと、施設で大きな問題になっていることを感じてかかわってきたわけです。

あずみの里事件は、これまで山形県で遭遇してきた窒息誤診事例に比べても、窒息とするには明らかな矛盾点があります。具体的には、（一）アクシデント発生後意識消失までの時間が短すぎること、（二）心停止までの時間が短すぎること、（三）気道内に塞栓子が確認されていないこと、などです。ですから、「窒息の可能性はない」と証明できる、と考えました。

――施設関係者が窒息についてどのような誤解をしているのか、窒息が施設の運営上、どのような問題になっているのか、教えてください。

福村医師　誤解しているのは施設だけでなく、医師をはじめとした関係者全員です。窒息のメカニズムを適切に理解していないことが根本的な原因です。そして、窒息が診断できないという現状を理解せず、窒息を事故として処理するという社会システムだけが先行するという社会システムの問題があります。つまり窒息かどうかもあいまいなまま、事故であると決めつけて、責任追及を進めてきてしまったのです。嚥下など人体の動きにかかわる分析の専門家であるリハビリテーション医も積極的に介入しようとしてこなかった。これはリハビリテーション医が「救急は自分たちの専門外」と思い込んでいた結果です。

施設関係者は窒息にかかわる医療、福祉、行政の矛盾と混乱を作ってきた当事者であると同時にスケープゴートでもあります。施設内で起きた事案で窒息と診断された場合、責任は施設にあるとみなされ、糾弾されます。かかわった職員の精神的ストレスは計り知れません。仕事を続けられなくなる人もいます。自治体への報告義務、入所者家族への説明と謝罪、賠償、職場での反省と業務変更、職員のメンタルヘルスケア、他入所者と家族への説明など施設に多大な負荷がかかります。

窒息の診断基準を作る難しさ

――日本の窒息死亡数が国際的に見て多いことを鑑定書や法廷証言の中で指摘され、その理由について「食物誤嚥による窒息に診断基準がないこと」と述べておられます。このような指摘をされた後、関係学会や行政機関が窒息の診断基準作りに着手するなどの動きがあれば教えてください。

福村医師　おそらく食物誤嚥による窒息に診断基準が作られることはないと思います。診断基準とは、専門性を持たない医師が患者の条件をあてはめるだけで、ある程度の確率で正しい診断ができるようにするためのものです。救急で呼吸停止患者に対応する場合、分単位で死が迫っていることから、まず気道（＝呼吸時に空気が通過するところで、口腔、鼻腔、咽頭、喉頭などと、喉頭から先の気管を含む）の確保を優先します。実際に窒息であったときの救命率を高めるため、あらかじめ決めておいた手順に従うのです。その救急現場に「窒息の診断基準」を導入すると、まず窒息かどうかを判断してから救命処置をすることになり、救命率を下げてしまうことが懸念されます。窒息の診断基準の導入が難しい理由としては、その他に、（一）食物が気道を閉塞しているところが体の内部にあるため、直接観察するのが難しい、（二）嚥下障害や窒息を正しく診断するために必要な情報が多岐にわたる、ことが挙げられます。したがって、嚥下障害を専門としない医師が収集できる限られた情報だけで、食物誤嚥を疑う症例の中から本当の食物誤嚥を判断するのは難しいのです。

それでは、今回なぜ鑑定書を提出できたのか、診断できないなら矛盾するのではないか、と感じられるのではないでしょうか。窒息は交通事故と同様、食物などの外的因子（塞栓子）が原因で起こります。したがって、人体だけでなく外的因子の分析、その相互作用について説明できなければなりません。交通事故では、車のスピードや素材、当たる方向、ブレーキの有無による変化など、多様な物理現象を説明する必要があります。窒息の説明にも多分に物理学、数学的な素養が求められます。個々の事例について必要な情報を収集し、適切に分析することで現象を解釈するわけです。それには多様な能力と分析力が必要になります。つまり嚥下障害、窒息の臨床、物理学に明るい一握りの専門家だけが窒息を疑われた事例を解釈できるのです。

――現場にいなかった専門の医師が事後的に判断する場合であっても、診断が困難な事例があるのでしょうか。もしあるとしたら、どのような情報が欠落している（あるいは記録されていない）場合に、診断が難しくなるのかを教えてください。

福村医師　例えば、発症時に近くに人がおらず、心肺停止状態で発見された人に救命処置をした結果、逆流した胃内容物が気管に入り込み、気管内吸引をして食物残渣が多量に引けた、といった場合を想定してみましょう。このようなケースでは、窒息が原因だったのか、救命処置が原因だったのかはもはや分かりません。このような症例では積極的に窒息とするに足る情報はないことになります。疾患の診断であれば正診率一〇〇％になる疾患はほとんどないので誤診は許容されます。一方、事故の場合は刑事事件になる可能性を考えれば、推定無罪の原則がありますから、あとになってから「やっぱり事故ではなかった」と言っても通じません。したがって、初めから事故でない可能性が十分考えられる場合には、診断に当たった医師がその旨を伝える必要があります。

――日本で窒息死が多い理由として他の要因はありますか。

福村医師　一般には餅文化が挙げられることが多いですが、食物誤嚥による窒息死のうち餅が占めるのは一〇数%に過ぎないため、説明には不十分です。様々な要因がありますが、公衆衛生的立場から事故の判定と原因調査をする検死官の制度がないことと、死亡診断書の書式の問題が大きいと考えています。

医師が診て、事故死かもしれないと判断した場合に検死官が引き継いで精査し、「事故死の可能性がない」「病死」と判断されると、死因の判定は医師に返して行う。このような制度があれば、多忙を極める救急現場で医師が短い時間で事故かどうかを判断せず、時間をかけて事故かどうかを客観的に判定することができ、誤診が減ると考えられます。

死亡診断書は、アメリカ、イギリス、フランスなどではすべて記載する方法になっていて選択肢は挙げられていません。ところが日本では死因の種類で不慮の外因死の欄に窒息が（溺水も別に挙げられる中で）挙げられています。しかも二段目のトップと目立つところにあります。日本の死亡診断書の書式は、医師が無意識に窒息を診断名の選択肢に入れる原因と言えるでしょう。疾患の診断と治療のトレーニングしか受けていない医師に、事故かどうかを判定させることは問題があるということをまず知ってほしいと思います。現在の日本の統計では、食物誤嚥による窒息死は年間五〇〇〇件前後と交通事故死者よりも多いですから、社会問題として捉える必要があると思います。嚥下機能に関する知識、窒息が起こるメカニズム、蘇生術の特徴など、窒息判定にかかわる情報を整理し、医療や介護の現場で働く人たちがそれらを学びやすくすることが望まれます。

事件から学ぶべきもの

――あずみの里事件から何を学んだらよいでしょうか。介護施設や医療機関（特に救急医療部門）の関係者、捜査当局、行政機関、それぞれの立場で教訓とすべきことを教えてください。

福村医師　まず介護施設ですが、窒息や肺炎、摂取量低下など食にまつわるトラブルは命にかかわります。高齢者が長期間生活する施設では必ず、食べられない、誤嚥するといった場面が繰り返されます。そうした利用者に対して、ひるんですぐに看取りにしたり、あるいは無造作に食べさせて窒息や肺炎を起こさせたりするような対応を良しとしない機運が社会に醸成されてきたと思います。ですから、介護施設にはとても難しい課題が投げかけられています。学習の機会を作るとともに、医療機関と連携し、食のトラブルを常に相談できる関係をつくることが理想です。

記録方法の学習も重要です。観察した客観的事実を、主観的な解釈を交えないで記録することが重要です。あずみの里事件では、意識消失、呼吸停止が確認され、心停止、窒息は直接観察されたものではなく主観的判断でした。入院時の主治医は窒息の診断に懐疑的で、結果として否定していましたので、施設側が病院に診断を確認しながら対応していれば、今回のような刑事裁判にはならなかった可能性があります。

たとえ医学的知識では医師に及ばない人が残した記録でも、医師と同列、または医師の診断以上の意味を持ってしまうことを知ってほしいと思います。そして、医師の診断や判断に疑問がある場合には速やかに問い合わせができる関係を構築しておくことが理想です。

救急医療部門の課題ですが、医師に「窒息」と診断した理由を尋ねると、「気道から食物残渣が吸引されたから窒息とした」という話を聞くことが多いのです。しかし、吸引で引けるような物性では気道を完全に閉塞することは困難であることが報告されています。さらに、食物残渣を誤嚥したタイミングが窒息の発症時であるとは簡単に確定できません。蘇生処置によって口腔内にあった食物が気管に流入する、仰向けで頭を上げた姿勢をとったために重力によって食物が気管内に流入するといった、事後に起こる誤嚥もあるからです。日本の窒息死と診断された数は先進諸国に比べて五倍程度となっており、従来の窒息診断症例の八割が過剰診断の可能性があります。

窒息について医師と話していると、「食事時に生じた原因不明の急変を窒息以外で説明する場合は疾患として診断することになるので診断の根拠を挙げなければならず、それを避けるために窒息と書きたくなる」という趣旨の発言が目立ちます。その背景には次のような事情があると思います。

重度意識障害や呼吸障害、循環障害で搬送されたケースでは状態が急変しやすい。そのためCTやMRIなど、一時的に患者を孤立させねばならない検査をするのはリスクがある。発症時の情報が乏しいうえに本人の意識がないと、確実な診断は難しい。

それとは反対に、発症時の状況がはっきりしていると診断しやすいことはあります。

例えば、突然激しい頭痛を訴えた後に心肺停止に至ったのであれば、くも膜下出血を疑うでしょう。突然胸痛を訴えた後の心肺停止なら心筋梗塞、突然呼吸苦を訴えたなら肺塞栓症や気胸など、痙攣がみられれば中枢疾患の可能性などです。こういった症状があると、診断しやすくなります。

救急の現場はとにかく時間がありません。死亡を確認するための三兆候診断に代表されるように、特定の情報がそろったらとりあえずその診断で進める傾向があります。情報がそろわない場合に診断を確定しようとすると、足りない情報を補完する作業にとてつもなく時間がかかったりします。でも救急現場にそんな時間はありません。とりあえず放り込む先を作らなければならないために存在しているのが、「ゴミ箱診断」と言われるものです。

例えば、高齢者が発熱、呼吸困難で来院したら「誤嚥性肺炎」。超高齢者になにか起きたら「老衰」。細かく分析すればほかの炎症や疾患が見つかる可能性が高いが、治療方針がとりあえず抗生剤の投与であったり、看取りであると判断したりすれば、ゴミ箱診断を使いがちです。「窒息」もその一つで、食事にかかわって呼吸障害や心肺停止が起きると窒息としておいて救命治療を継続することがあります。患者の病名や治療内容ごとに一日当たりの入院費が定められている現行の診療報酬制度上、入院時点で診断ができていなければなりませんので、救急医は患者を入院させるために乏しい情報から診断名をひねり出す義務があるのです。一方、死亡診断では分からないものは「不詳」としていいことになっています。しかし、不詳とするのを良しとしない風潮があり、高齢者の死因不詳を老衰と言い換えるなど何らかの病名を付ける習慣があるように思われます。つけなくても許される死亡病名ですが、つけなければならないと思っている医師もいます。

このような事情がありますが、簡単に「窒息」と診断しない勇気と努力を期待したいと思います。なぜなら、窒息は外因死であり、事故であるからです。疾患や外傷の診断と、窒息の認定は本質的に異なります。医師が「窒息（＝事故）」と認定すれば、事件として扱われる、つまり、「だれかが窒息させた」として、犯人を作ってしまう可能性が高いのです。患者の死因を胃内容物の誤嚥による窒息死と診断し、遺族にもそう説明していた医師が、遺族が起こした損害賠償請求訴訟における鑑定で死因の診断が覆された結果、誤った事後説明に対する慰謝料の支払いを命じられた事例もあります。「窒息の可能性がある」ことと、「窒息である」ことは大きく異なります。臨床の現場では確定できないことも数多くありますので、確定できないときは「詳細不明」とするなど、死亡診断書の記載ルールにしたがってほしいと思います。

捜査当局にお伝えしたいことは、窒息の診断はほとんどの医師にとって専門外である、ということです。突然の意識障害や心肺停止で搬送された場合、気道から食物残渣が発見されると窒息と診断されることが多いと思われますが、それだけで因果関係が立証されるわけではありません。前述したように、口腔内や咽頭内、胃の中の食物が蘇生術によって気管内に流入することは日常的に経験しています。窒息は診断が大変難しいので、事故の疑いがある場合であっても、専門的な原因分析を行うことを期待します。

行政の役割も重要です。日本では「食物誤嚥による窒息死」と診断される数は交通事故死よりも多く、過剰診断の可能性が高い「窒息」をすべて事故として扱い、食事介助にかかわった当事者の責任を追及していけば、医療介護領域の崩壊を来すでしょう。本人に食べられる能力があっても周囲に嚥下機能を診断できる環境がなければ、一律に食べさせないとか、胃瘻や看取りといった対応になりかねません。一方で、窒息をまったく問題なしとすると、むやみに食べさせて、肺炎や窒息を引き起こすこともあり得るでしょう。

問題の本質は、嚥下機能を適切に診断できる医師が圧倒的に少ないことにあります。介護現場の安全を確保するため、国は嚥下診断を適切に行える医師の育成に力を注いでほしいと思います。自治体においては窒息の相談窓口を作るなど、嚥下障害の診断ができないために窒息、または窒息の疑い症例が報告された際に介護施設などを支援する体制を整えてもらいたいですね。

おわりに

筆者にとって「死因究明」は新聞記者時代の主要な取材テーマの一つであった。取材のきっかけは、一九九〇年代末から二〇〇〇年代にかけて相次いで起きた深刻な医療事故である。

当時、医療事故の頻発は深刻な社会問題となっていた。二〇〇三年一二月には厚生労働大臣が緊急アピールを発表し、その中で「この様な状況が続けば国民の医療に対する信頼が大きく揺らぎ、取りかえしのつかぬ事態に陥るのではないかと危惧する」と述べたほどである。医師らが業務上過失致死の罪などに問われるケースも少なくなかったが、亡くなった患者の死因や事故原因が裁判の大きな争点となり、審理の結果、検察側の主張が否定され、無罪になるケースもいくつかあった。

医療事故が起こったとき、同種事故の再発防止のためには、死因を含め正確な事故原因を解明することが何より大事である。そのための調査制度の創設を求める声が、事故の再発防止を願う患者遺族、捜査当局の介入を避けたい医療界の双方から上がった。制度創設に向けた試行事業や議論が進む中、二〇〇六年にパロマ社製ガス湯沸かし器の一酸化炭素中毒事故で多くの人が亡くなっていたことが明るみに出た。翌二〇〇七年には大相撲時津風部屋の若手力士が兄弟子らに暴行を受け死亡する事件が起きた。これらの事故・事件の被害者は、当初、「病死」と判断されていた。

それまで筆者は、もっぱら医療機関における診療行為に関連した死亡事例の死因調査に目を向けていたが、パロマ社製ガス湯沸かし器事故と大相撲力士暴行死事件により、日本では死因究明制度そのものに深刻な欠陥があることを認識させられた。当時、これらの事故や事件の被害者遺族から、死因究明に力を尽くさなかった警察への怒りと、肉親の本当の死因を知るまでの長い苦しみについて話を聞いた。

死因究明が徹底されないことで私たちの社会が被る不利益は大きい。とりわけ、本書で扱ったような刑事事件において、死因究明が不徹底だったり、死因の診断が誤っていたりしたにもかかわらず当事者の刑事責任が追及された場合、被疑者・被告人の立場に置かれた個人とその家族の被る人権侵害は極めて深刻である。


本書は、特別養護老人ホームでのおやつ提供をめぐる業務上過失致死事件を題材に、徹底した死因究明が行われない日本の刑事司法の現状と問題点を明らかにしたいというのが当初の執筆動機であった。しかし、取材を進める中で、刑事事件の捜査や公判活動、判決に問題があった場合に警察や検察、裁判所は、その原因調査や検証を行っているのか、という疑問が浮かんだ。その疑問を解くため、限られた範囲で取材した結果については9章に記したとおりだが、関係機関のあまりにも後ろ向きの姿勢に驚いたというのが、筆者の正直な感想である。

前述した医療事故調査制度は一〇年近い議論を経て、医療法に基づく制度として二〇一五年に施行された。現行制度には、原因調査をするかどうかが医療機関の管理者の判断に委ねられているという根本的な問題点があり、見直しが必要だが、それでも、制度施行以来の調査事例の中から、類似ケースが多い事故の発生原因に関する分析などが行われ、その結果が公表されている。

翻って、刑事司法の世界に目を転じるとどうであろうか。

9章で紹介したように、最高検察庁は二〇〇七年と二〇一〇年に合計四つの事件の捜査・公判活動の問題点等を自ら検証し、その結果を公表しているが、そのほかの無罪確定事件については検証をしているかどうかすら、外部からはうかがい知ることができない。最高裁判所も、筆者が取材した範囲では誤判の検証に取り組んでいるとは思えない。

有罪判決が確定したものの、受刑者や元受刑者、その遺族らが「冤罪」を訴え、裁判のやり直しを求めている事例は数多くある。

その一つである大崎事件（一九七九年に鹿児島県大崎町で、男性が自宅横の牛舎の堆肥の中から遺体となって見つかった事件で、殺人と死体遺棄の罪で懲役一〇年の有罪判決を受け服役した義姉の原口アヤ子さんが再審を請求している事件）では、二〇二二年六月二二日に鹿児島地裁が第四次再審請求を認めない決定をした当日、元東京高裁判事の木谷明氏ら元裁判官一〇人が連名で声明を発表した。この事件では、第三次再審請求を鹿児島地裁、福岡高裁宮崎支部がいずれも認める決定をしたにもかかわらず、検察側の特別抗告を受けた最高裁第一小法廷（小池裕裁判長）が二〇一九年六月二五日、五人の裁判官全員一致の意見で地裁、高裁の決定を取り消し、再審請求を認めない決定をしている。

前記声明は、鹿児島地裁の決定について、「先の最高裁決定を深く検討することなく無批判に追従したもの」と批判したうえで、次のように述べている。

刑事裁判の最大の役割は「無実の者を処罰しない」ことです。多くの裁判官は、日常の実務において、このことを自覚して日常の仕事をしているものと信じます。しかし、「人間のする裁判に誤りはつきもの」であることを忘れてはなりません。優れた裁判官が十分慎重に判断したはずの事件においても、裁判官が「人間」である以上、誤りが生ずることは避けがたいのです。したがって、いったん処罰された者も、新たな証拠によって合理的疑いが生ずる限り、再審手続によって救済されるべきものです。確定した裁判の権威を護るために、無理やり再審請求を棄却するようなことは、絶対に許されません。

「人間」である以上、誤りが生ずることは避けがたい——。捜査当局や裁判所に人間は誤りをおかすという自覚がないか、たとえその自覚があったとしても自分たちの保身を優先させて誤りを認めず、誤りから学ぼうとしない限り、冤罪事件がなくなることはないだろう。冤罪被害者や日本弁護士連合会は、再審請求における証拠開示の制度化や、再審開始決定に対する検察の不服申し立ての禁止などの必要性を訴え、刑事訴訟法の改正を求めているが、本書の取材を通じて、誤判の原因を公的に調査、検証する制度も必要であると筆者は強く思うようになった。

本書は二〇二一年一二月から二〇二三年四月まで朝日新聞デジタルの「論座・法と経済のジャー

ナル」に連載した「検証　死因究明と刑事司法／老人ホームのおやつ提供で過失責任を問われた看護職員」がもとになっている。取材・執筆に当たり、事件で起訴されたYさんとその弁護団メンバーをはじめ、多くの方々にお世話になった。また、出版を引き受けてくださった同時代社の川上隆社長、編集作業を担当してくださった久保企画編集室の久保則之代表に深く感謝している。この場を借りて、御礼を申し上げたい。

二〇二三年一〇月

出河　雅彦

出河 雅彦（いでがわ まさひこ）

ジャーナリスト。元朝日新聞編集委員。
1960年、長野県生まれ。上智大学文学部新聞学科卒。

著書
『ルポ 医療事故』（朝日新聞出版、2009年。科学ジャーナリスト賞2009受賞）
『混合診療』（医薬経済社、2013年）
『ルポ 医療犯罪』（朝日新聞出版、2014年）
ルポライター鎌田慧氏の聞き書き『声なき人々の戦後史』（藤原書店、2017年。第16回パピルス賞受賞）
『事例検証　臨床研究と患者の人権』（医薬経済社、2021年）
共著
橳島次郎氏との共著『移植医療』（岩波書店、2014年）

おろそかにされた死因究明
検証：特養ホーム「あずみの里」業務上過失致死事件

2023年11月30日　初版第1刷発行

著　者　出河雅彦
発行者　川上　隆
発行所　同時代社
〒101-0065　東京都千代田区西神田2-7-6 川合ビル
電話 03(3261)3149　FAX 03(3261)3237

制　作　久保企画編集室
組　版　い　り　す
装　幀　クリエイティブ・コンセプト
印　刷　中央精版印刷株式会社

ISBN978-4-88683-955-8